莊子・哲學的天籟

羅龍治・編撰

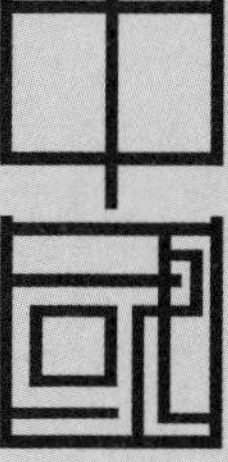

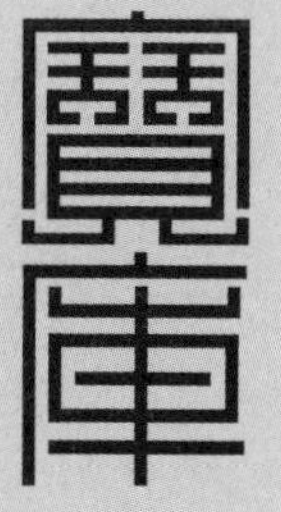

29

出版的話

時報文化出版的《中國歷代經典寶庫》已經陪大家走過三十多個年頭。無論是早期的紅底燙金精裝「典藏版」，還是50開大的「袖珍版」口袋書，或是25開的平裝「普及版」，都深得各層級讀者的喜愛，多年來不斷再版、複印、流傳。寶庫裡的典籍，也在時代的巨變洪流之中，擎著明燈，屹立不搖，引領莘莘學子走進經典殿堂。

這套經典寶庫能夠誕生，必須感謝許多幕後英雄。尤其是推手之一的高信疆先生，他秉持為中華文化傳承，為古代經典賦予新時代精神的使命，邀請五、六十位專家學者共同完成這套鉅作。二〇〇九年，高先生不幸辭世，今日重讀他的論述，仍讓人深深感受到他對中華文化的熱愛，以及他殷殷切切，不殫編務繁瑣而規劃的宏偉藍圖。他特別強調：

中國文化的基調，是傾向於人間的；是關心人生，參與人生，反映人生的。我們

的聖賢才智，歷代著述，大多圍繞著一個主題：治亂興廢與世道人心。無論是春秋戰國的諸子哲學，漢魏各家的傳經事業，韓柳歐蘇的道德文章，程朱陸王的心性義理；無論是貴族屈原的憂患獨歎，樵夫惠能的頓悟眾生；無論是先民傳唱的詩歌、戲曲，村里講談的平話、小說……等等種種，隨時都洋溢著那樣強烈的平民性格、鄉土芬芳，以及它那無所不備的人倫大愛；一種對平凡事物的尊敬，對社會家國的情懷，對蒼生萬有的期待，激盪交融，相互輝耀，繽紛燦爛的造成了中國。平易近人、博大久遠的中國。

可是，生為這一個文化傳承者的現代中國人，對於這樣一個親民愛人、胸懷天下的文明，這樣一個塑造了我們、呵護了我們幾千年的文化母體，可有多少認識？多少理解？又有多少接觸的機會，把握的可能呢？

參與這套書的編撰者多達五、六十位專家學者，大家當年都是滿懷理想與抱負的有志之士，他們努力將經典活潑化、趣味化、生活化、平民化，為的就是讓更多的青年能夠了解繽紛燦爛的中國文化。過去三十多年的歲月裡，大多數的參與者都還在文化界或學術領域發光發熱，許多學者更是當今獨當一面的俊彥。

三十年後，《中國歷代經典寶庫》也進入數位化的時代。我們重新掃描原著，針對時

代需求與讀者喜好進行大幅度修訂與編排。在張水金先生的協助之下，我們就原來的六十多冊書種，精挑出最具代表性的四十種，並增編《大學中庸》和《易經》，使寶庫的體系更加完整。這四十二種經典涵蓋經史子集，並以文學與經史兩大類別和朝代為經緯編綴而成，進一步貫穿我國歷史文化發展的脈絡。在出版順序上，首先推出文學類的典籍，依序有詩詞、奇幻、小說、傳奇、戲曲等。這類文學作品相對簡單，有趣易讀，適合做為一般讀者（特別是青少年）的入門書；接著推出四書五經、諸子百家、史書、佛學等等，引導讀者進入經典殿堂。

在體例上也力求統整，尤其針對詩詞類做全新的整編。古詩詞裡有許多古代用語，需用現代語言翻譯，我們特別將原詩詞和語譯排列成上下欄，便於迅速掌握全詩的意旨；並在生難字詞旁邊加上國語注音，讓讀者在朗讀中體會古詩詞之美。目前全世界風行華語學習，為了讓經典寶庫躍上國際舞台，我們更在國語注音下面加入漢語拼音，希望有華語處，就有經典寶庫的蹤影。

《中國歷代經典寶庫》從一個構想開始，已然開花、結果。在傳承的同時，我們也順應時代潮流做了修訂與創新，讓現代與傳統永遠相互輝映。

時報出版編輯部

【導讀】

莊子的「寸心之奧」

羅龍治

在浩如煙海之非物質文化遺產中，《莊子》一書堪稱是任何聰明人都不可錯過的奇書。莊子，這位大人先生，居然就是吸風飲露造就的一副心竅。注定他要窮盡一生之力（未曾白費半滴心血），為我們尋到既神祕且真實的人生「方寸之奧」。就憑這點，我想，凡是具膽識作略之天才，都不妨把青天壓在脊背上，來一次「人車一體」的飆速漫遊，斯可謂之狂樂。

莊子，這個人中之大蟲，其心眼極為另類。他的一部大書，前無古人，後無來者，簡直就是以直上直下的「心法」寫出來的。這個心法，想來就是他一生思之又思之，鬼神來通之，然後稱之曰「道」的東西。這個神力來自冥冥吧！有本事的就抓得到。為是之故，

我敢宣稱，莊子歿世後兩千餘年來，凡不曉其心法而讀其書望文生義的人，必不能與作者交心，彼此注定無緣了。如是，莊子亦曾不惻其言地大聲宣布：若有人善解我心，則億萬年之久猶似旦夕之相逢，可以和我把酒言歡矣（〈齊物論〉）。莊子說這話的口氣，既期盼又蕭瑟，他的調調又刁刁的餘音，千年不散，便彷彿飄盪在南國西湖堤岸，裊裊在午後蘆葦之秋風裡。有味哉其人！

莊子其人其書，風格狂傲，一半避人，一半避世。之所以如此，是因為他認為生在亂世之戰國，著書黃葉村而傳我薪火，比拔劍狂走有意思。由於他的身上極可能留著殷商亡國貴族的神祕血液，他的心竅看得到現實之外，還有另一個世界。所以，他的狂傲有其文化上的厚度。即便狂死，他也值。他的書已證明那方寸之奧不可劫奪，未來的文學家、藝術家一定會來此「取經」。

狂傲成為《莊子》書的「精髓」，是我第一個指出的，莊子之意是：若你也看穿人世的一切伎倆，那麼在你骨子裡還不具有「那麼點兒」不惜與天下為敵的味道，那你這人恐也不足觀了。因為說得明白再明白，人生頂多不過是天命與英雄的對戰吧！

莊子的心竅，可以使他感受到冥冥中有某種力道在施為，但那不是宿命（有主宰暗中操弄叫宿命），也不是迷信。那個力道可感受到的一刻，隱隱約約，像一隻眼神在看吧，

它會看見那個時代的人心與作為，必然會來到一個臨界點，於是重新再來。

就這樣，參了天意，也指點了人心，我現在就從歷史「斜角」（不取正統謂之斜角）來觀察。我認為歷史上有三個人，不但通曉莊子，也窺見時運的推磨。他們生在不同時代的作略，一旦出手或交手，都隱藏了莊子的法度：「江湖不可失，那是我方寸笑傲之地」。

這裡第一先出場的是晉代之陶潛。他半途辭官，在農村的蓬門斗室裡玩味《莊子》，他的名言是只要為人就必須為五斗米折腰，折腰的代價是保住方寸笑傲之地。所以他的人生以酒為知己，以詩文傳之後世之其人。〈述酒〉一詩道盡他的心事，狂傲到只有西王母才配請他飲酒。

蘇東坡在宋代便獨獨和陶潛靈犀一點通。他不斷唱和陶的詩文，生怕自己被悶死。他們的傲骨是相撞有聲的。蘇軾東坡先生在朝廷力戰奸邪，似有天命在身而不怕，他力戰的結局總是一貶再貶，最後貶到海南島，再貶就要到大海了。他在那裡看見野人吃的某種肉（我不忍寫出，但必須指出那是點睛之筆），知道現實之戰已到他心知肚明的那一站。果然，皇帝赦了他。他也在北歸途中死在常州，算是埋了初衷。他以書法、詩、文傳了莊子的方寸之奧，而在現實面，他也充分表現出英雄與天命之戰，實在很「痛」。痛到像莊子講的：我的妻死，豈能不痛！

從陶潛到蘇軾的人生作略，我是別無選擇的必要指出他們人生之「痛點」。所以，簡單地講，莊子妻死，他鼓盆而歌的一段悽楚，其實是人生之全貌。現實上，莊子說：她養我，給我生子，她之死，我怎能不痛？然而，想通了天命，氣變成形，形又變成生命，生命又變成死亡，這直上直下的一以貫之，虛實相化，我還有什麼話講呢？

東坡力戰群邪，也算辛苦之至。但是，下至清代前期，另有一位通曉莊子（兼禪法）的曹雪芹先生，他的處境就更陡峭。他的命運是直接與皇帝周旋了。雪芹先世是漢人，滿人入關，他的祖上成為皇帝奴僕（包衣）。他是親眼目睹科舉制度之撒下天羅地網，把讀書人引到官場，一起貪贓枉法的光怪陸離，遂不惜和家人翻了臉——絕意仕途經濟——絕不搞科舉。最後，他以字字是血的一部小說，杜撰賈寶玉這個「腹內草莽」，被父親痛打得半死。最終，他卻有「力扛大觀園」不為濁世所污染的一股狂傲「呆氣」。那股狂傲呆氣，說穿了是直接和雍正、乾隆槓上了的莊子風骨。大觀園內的神祕角色妙玉，是侯門公府也討不到她的。而曹雪芹不走科舉之路，不正也就是太史公評莊子「王公大人不能器之」的暗示嗎？大觀園日後注定要被皇帝抄檢。寶玉竟至淪為打更的更夫，甚至乞討為生。妙玉也據說在返回蘇州途中，在瓜州渡口被強人所劫。雪芹在現實面的遭遇，他是早

知天命的。他無奈又不得不為，遂以《紅樓夢》現身說法，認為藝術成就的大觀園雖可寄託，而人生至痛，那是「更有情痴抱恨長」的啊！

寫到這裡，我是擺脫正統敘述法，把莊子和陶潛、蘇東坡、曹雪芹連接而一以貫之，說明莊子的「寸心之奧」是知識分子為他保持清醒的一塊乾淨土。這一代好學深思的年輕人，千萬不要誤讀歷史，以為莊子是消極無用的東西。像竹林七賢雖也擺脫正統，極力模擬莊子，但是陶潛卻給予正面的棒打，說七賢「成名猶不勤」（想成名只怕還不夠努力！），他們根本算不得上修莊子的典範人物，妖魔小丑罷了。（〈述酒〉詩）

如是，一筆帶過，一跳而來到二〇一二年的台北街景了。歷史的河床，總少不了祖先的血液流動著。淡水老街依舊，觀音山也凝視不動，然而這裡似乎就是少了什麼東西。試讀一讀這一代都市人的臉色，那種既疲倦又反覆無聊，最終是不得不消費掉自己的心情，全都寫在「相似度極高」的一張張面孔上。這不就是莊子在〈齊物論〉提出的「人心茫昧」的再一次翻版嗎？人生在世，像輪胎一樣，開車的不是你，所以停不下來地磨耗自己，直到爆胎為止。莊子對此，也曾雙手一攤，自問自答地說：「其我獨芒，而人亦有不芒者乎？」〈齊物論〉是大家都昏了頭，還是也有不昏頭的人呢？

二千年的歲月過去，今日是努力再努力而修來的今日，人世依舊不變的是天命與英雄的戰場。這個時代，錢神已經當家，四周都有「鬼推磨」的磁力在轉。這個時機也正是時代的臨界點。我不願說這時局不好，而寧說我們應向大自然感激，引出一位菩薩。此時此刻，我只能起碼提示：讀《莊子》是讀自己的心。請力持清醒，那是做知識人的最低尊嚴。

下文我就用半散文方式的描述筆法，帶動莊子的思路，把讀《莊子》書的人引到莊子內心的「寸心之奧」。這一段路是：攻頂。

莊子說：聖人的大智慧從哪裡來？像神明般的大人物，他的神、他的明又從哪裡來呢？莊子自答：「從一而來的」。（〈天下〉）

這個「一」就是天地萬物為一體的「一」。

你們且莫煩惱，以為我要帶你入「玄」了。不是的，莊子是以獨特的直上直下的方式提醒：想領人生的大智大慧，請以全體本身作為立場，切入。

打個簡單直接的比喻：道即是路。

請在紙上畫出一條路。這條路不要畫橫的，要直上直下的對著自己。於是路的一端接近你，「你」的立場出現了。接近你的一端是頭，另一端是尾。莊子說請放下這立場。請回到直線本身的立場。這樣你會發現路沒有頭尾，頭即是尾。頭尾幾乎要重疊了。

你一定要想通這點，路的奧祕才會顯示給你。

一條尺，首尾三十公分，不可增減。它就是三十公分。然而它本身的奧祕是：它可以量盡天下的尺寸。

道理是相通的。一條直上直下的路，兩端接連著台北和花蓮，不可增減。就是接連台北和花蓮。然而它的奧祕是：它可以通天下為一體，無遠弗屆。

這裡，莊子發現的是：全體本身似可伸縮、隱形。在〈逍遙遊〉篇，莊子直接揭祕。他說有一隻風鳥（鵬），飛到九萬里高空，它的眼神往上一看：「萬里一青」，向下一看：「塵埃往來」。然後莊子再進一步，發一怪論說：假設這隻風鳥飛到萬里一青之上空，向下俯瞰的話，「萬里一青」也即是「塵埃往來」。

如是，莊子說世人都以走路的方式來看一條路。而這就像長程、短程之旅行。這也即是小麻雀從草地飛到樹枝上的短程之旅。同時也即是它看到風鳥的長程之旅。可是，風鳥看自己的旅程就不是這樣。怎麼說呢？宋榮子是一位智者，他已知曉人世有內（虛）外（實）之分。他的心定於內，所以外在的毀譽都虛化了。另一位列禦寇也是智者，可以御風而行，不必走路。風就是路。風帶他到無遠弗屆的地方。可惜他回家之後，卻不知他去了哪裡？另一位高人（暗示莊子自身，注意這裡已是自身在說法），他的心乘坐在天

（虛）地（實）的正位，不偏不倚而可以御「六氣之變」。莊子之意是：心在正位與天地同出同入，永不可分離，這就是「寸心之奧」。進可守住一塊清淨地，退也可應變。

這個心法就是莊子的道。凡不曾領悟這個心法的人，看來皆是心智聾盲之輩，可嘆。而姑射山人領悟此新法，遂返回生命初始的氣之頂峰漫遊，似乘龍御雲之莫測。此處即是盤桓於「無用之用」的大樹下之無何有之鄉、廣漠之野。請讀者留意，這些文字都對應莊子的「心法」，即心靈結構而書寫出來。若對之望文生義，皆非解人。因此，莊子說要善自挪一挪你的心，來和我對應。比如說，堯像一個太陽放光照全世界，但他未坐到天地之正位，所以他照的天下有三塊陰影。這使他老人家心情不爽。舜便提醒他說，從前十日並出，沒有照不到的死角，也就不會有陰影。你應超越他們才對。因為你須挪動一下，坐得天地之正位，那麼只需要一個太陽照天下，也不會有陰影。（〈齊物論〉）

莊子的道，以心應物，別無他法。全書行文似鬼魅附身，刁鑽古怪，但也只有這個伎倆。憑這伎倆，他知天命，示汝智慧。他也告知你人生無實無虛，勿做虛工。他也想帶汝漫遊，身體像失重一般，不耗力量，只憑「氣量」。人生深奧可遊，彼對汝神祕一笑。這些都請凝神和莊子對看，勿看他的肚臍眼。

羅龍治書于　貓狸故居之蕭瑟不妙樓
二〇一二年端午前三日
屈原尚未跳水之日

莊子◆哲學的天籟

目次

《莊子》序

《莊子》序

人，生活在現實的社會中，是不自由的。莊子學說的要旨，便是把人推到極限的狀態，以求實現自由的願望。

本書的原作者叫做莊周。莊周的身世，到現在仍在五里霧中。

根據《史記・老莊申韓列傳》上說：他是戰國時代，宋國的人。他和梁惠王、齊宣王同時。他做過管理漆樹園的「吏」（園長？）。楚威王想聘他做宰相，他笑著說：「我還是自由自在的好！」

這是現存一篇最早的傳記。這篇傳記是莊子死後約二百多年，由大史學家司馬遷所記錄的。傳記的內容，十分簡略。對於莊周的父母是誰？他的子女是些什麼人？我們都一無所知。

《史記》的〈宋世家〉和《戰國策》，也沒有莊子的記錄。根據莊子自己所說的話，他是結過婚的。但是他的妻比他早死。他的生活很窮。他穿著寬大的布衣，上面打了許多補綻，腰間繫上一根草繩，腳上穿的草鞋，鞋子的後跟都脫掉了，但他毫不在乎。

莊子只有一個最能談話的朋友，叫做惠施。就是那個和公孫龍一樣喜歡談論「雞三足，卵有毛」的惠施。惠施也比莊子早死。惠施死後，莊子說：「我再也找不到說話的人了！」此外，在莊子身邊周旋的，只有幾個他的弟子，這些弟子的面孔也很模糊。

因此，我們可以說：莊子是一個最寂寞的人。他一生沒有一個知己，如果要說他有知己，他的知己便只是一些大自然的化身。像高飛九萬里的大鵬鳥，餐風飲露的姑射山神女，歌吹天籟的南郭子綦（ㄑㄧˊ qí），以及和他在夢中相會的蝴蝶，寥寥數子而已。

莊周所著的《莊子》這本書，原來有幾篇？原書是什麼樣子？已經沒有人知道。我們現在所看到的《莊子》，是晉代郭象所重編的三十三篇本。這三十三篇包括：內篇七篇（〈逍遙遊〉、〈齊物論〉、〈養生主〉、〈人間世〉、〈德充符〉、〈大宗師〉、〈應帝王〉）；外篇十五篇（〈駢拇〉、〈馬蹄〉、〈胠篋〉、〈在宥〉、〈天地〉、〈天道〉、〈天運〉、〈刻意〉、〈繕性〉、〈秋水〉、〈至樂〉、〈達生〉、〈山木〉、〈田子方〉、〈知北遊〉）；雜篇十一篇（〈庚桑楚〉、〈徐无鬼〉、〈則陽〉、〈外物〉、〈寓言〉、〈讓王〉、

〈盜跖〉、〈說劍〉、〈漁父〉、〈列禦寇〉、〈天下〉）。據唐代陸德明的《經典釋文・序錄》說：崔譔有《莊子注》二十七篇，向秀有《莊子注》二十六篇，司馬彪有《莊子注》五十二篇，李頤有《莊子集解》二十篇，孟氏有《莊子注》五十二篇。《漢書・藝文志》也說《莊子》五十二篇。可見至少到晉代，《莊子》的舊本已經散亂。

莊子生活的時代是戰國時代。那是一個「強凌弱、眾暴寡」的時代。那是一個離亂、痛苦的時代。《莊子》書中，處處反映那時代的痛苦。《莊子・則陽篇》上說：柏矩到齊國去，剛踏入齊國的郊外，第一眼看見的便是一具罪犯的屍體。柏矩跪了下去，把他扶起來，用自己的衣服披在他的身上，放聲大哭道：「哎呀，天下最大的災害，你先就遇上了！真可憐啊！國法上說：『不要去做強盜，不要去殺人』，但是，誰在做強盜，誰在殺人呢？強盜殺人的行為，要責備誰才好呢？」

莊子出生的地點在宋國，宋國在河南洛陽附近，是一個小國，又處在四戰之地。宋國本是殷商民族敗亡以後的殘餘，被征服者的歷史，總是塗上許多悲慘的色彩。而到了莊子的時代，征服者周王朝的權威，也只剩下一抹斜陽，捲縮在洛陽的城頭。城外，那座商朝大臣箕子的墳墓，早已籠罩在一片蒼茫暮色之中。

現實世界的痛苦，是一個無底的陷阱。夕陽下的權威，丘壟黃土下的賢者，是偉大？

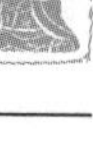

還是渺小？莊子的視線，從此移開了人世，他所曠觀的乃是無窮的時空。

莊子察覺了人的根本問題，在於人的不自由。人為什麼不自由，因為人有依賴：人依賴物質而生活，人依賴情感而生活，人依賴知識而生活，人依賴藝術而生活，人依賴上帝而生活。這些依賴，便使人人陷入自我播弄的「不自由」的境地。如果人要實現自由，便須先去掉依賴之心。

莊子認為：人必須自覺人的存在，是和無限時空中大自然的有機運作，息息相關的。人必須用自然來觀察「一切」。自然像是一個渾沌，人也要像一個渾沌。換句話說：人不要從他人而畫出自己，不要從自然畫出人，不要從無價值畫出價值，不要從過去和未來畫出現在，不要從死亡畫出生存，不要從無限畫出有限。這樣才能超越束縛而得到自由。這就是莊子哲學最不同於諸子百家的地方。

莊子的哲學，是自由的哲學。是把生命放入無限的時間、空間去體驗的哲學。許多哲學家是把一棵活生生的樹砍死了，才作分析。莊子則就一棵活生生的樹來體驗他的生命。

從《莊子》的架構和層次來看，莊子是太偉大了。世俗是距離他太遠了。莊子的大鵬高飛在九萬里的天空，小麻雀自然要笑他了。所以，世俗對於莊子的誤解、誹謗是必定要發生的。世俗的人說莊子是消極的、避世的、頹廢的、虛無的。但事實上，究竟誰才是真

正面對生命的真實呢?世俗又說莊子是個人主義、神秘主義、無政府主義。其實,莊子的睿智卻高高地超出了這些主義。這些主義和莊子沒有什麼相干。正如一切的知識不能附麗在大道上面一樣。

人世的生活,在莊子看來,是「無生命的秩序」,莊子所要追求的卻是「有生命的無秩序」。

人,喜歡樹的形狀和顏色。莊子卻喜歡樹的生命。

我這本白話《莊子》,是以郭慶藩的《莊子集釋》,王先謙的《莊子集解》、王叔岷的《莊子校釋》等做為底本,把《莊子》原典中最具故事性的部分,採選出來,改寫成白話故事,做為一般讀者的家庭讀物。由於莊學十分深奧,改寫所發生的錯誤必然不免,請海內外方家多批評指正是幸。

羅龍治序於臺北

六十九年十月

逍遙遊第一

巨大的怪鳥

北海有一條鯤魚，他的身子有幾千里那麼大。有一天，他突然變成了一隻大鵬。這隻大鵬的背，就有幾千里之廣。他的翅膀張開來，像是天邊垂下來的兩片黑雲。

《齊諧》這本故事書上說：當北海上的巨風來臨的時候，海水混濁得像是沸騰了一樣。這時，大鵬不能住了，便張開翅膀，激起三千里的浪花，然後藉著旋風往天空衝去，一直飛上九萬里的高空。飛了六個月才到達南海，在那裡休息。南海是一個天然的大池。

當大鵬在九萬里的高空，低頭向下一望，只見野馬般的游氣，和生物氣息吹動的浮塵，渾濛濛的一片，地面上所有的山河城屋，都消失不見了。大鵬又抬頭向上一望，只見天色蒼茫無際。天地和他渾然混合為一了。

【說明】

㈠莊子的大鵬一起飛，在九萬里高空的渾然蒼茫境界，便是打破一切人為的「相對價值」的世界。

㈡大鵬要憑藉巨風才能高飛。如果他心中忘了巨風，自然而然、自由自在，這叫做「沒有依賴的逍遙」。莊子的術語稱做「無待的逍遙」。這就像姑射山的神人乘雲氣、御飛龍一樣了。

（參見本篇〈姑射山的神女〉條。）

小麻雀自鳴得意

大鵬飛在九萬里高空的時候，小麻雀譏笑他說：「那傢伙花這麼大的力氣，飛那麼高

幹什麼呀？我在地上想飛就飛。有時候，我一飛就到了榆樹上。有時候，我一飛，飛不到樹上，我就落回地面上罷了。像我這樣自來自去，在草地樹林裡穿梭，也可以說是飛的絕技了。」

【說明】

㈠小麻雀的飛行、小麻雀的知識、小麻雀的境界，都和大鵬不一樣。

㈡小麻雀的飛行、知識、境界，根本不能了解大鵬。所以才會嘲笑。我們不必笑小麻雀，也不必羨慕大鵬。

寒蟬和靈龜

世人都說：「彭祖活了八百歲，是人間最長壽的了。」但是，把八百歲當做長壽，仔細想想，實在是很可悲的事。

因為有一種小蟲叫做「朝菌」，朝生而暮死。他根本不知道世間有所謂的「一個月」。另外有一種蟲子，叫做寒蟬，春生而夏死，夏生而秋死。他又根本不知道世間有所謂的

「四季」。可是楚國南方的海上，有一隻巨大的靈龜，五百年對他只是一個春季，五百年對他只是一個秋季。上古時代有一種椿樹，八千年對它只是一個春季，八千年對它只是一個秋季。

朝菌和寒蟬叫做「小年」。靈龜和椿樹叫做「大年」。「小年」是不會了解「大年」的。彭祖八百歲，對靈龜和椿樹來說，不也是「小年」嗎？世人把彭祖認為是長壽，不也就是「小年」的悲哀嗎？

【說明】

「小年」不了解「大年」。所以人世上，小智慧也不了解大智慧。

列子御風而行

列子能夠駕御風飛行，輕飄飄的十分美妙，他出去了十五天才回來。他的這種幸福，世上已是罕見的了。

但是，對於有道的人看來，列子雖然不必用腳走路，究竟還是要依靠「風」才能飛

行，所以也不是真正的自在逍遙。

【說明】

世俗的「逍遙」，就像世人的幻想：「我要是能飛就好了。」其實，這種逍遙，仔細想想看，並不真正自在。列子御風的故事，可以喚醒我們的夢幻和淺見。列子御風而忘不了風，所以不是真的逍遙。

許由不受天下

堯想把天下讓給許由，怕許由一口回絕，所以堯說：「太陽、月亮都出來了，還要我這小火把幹嘛？及時雨都下過了，還要人工灌溉幹嘛？我認為我實在不如你，所以請允許我把天下交給你吧！」

許由說：「算了吧！小鳥在樹林做巢，所需不過一枝；老鼠在溪流喝水，所需也不過滿肚。你把天下讓給我，我要拿來做什麼呢？況且天下已經給你治好了，你想把這個美名讓給我嗎？我要這『空名』做什麼呢？」

【說明】

智慧圓通的人，絕不妄求「空名」。這用莊子的話說，叫做「聖人無名」。（道家所謂聖人是智慧圓通的人，不要把他想成儒家的聖人。）

姑射山的神女

在遙遠的北海中，有一座姑射（ㄧㄝˋ yè）山。

姑射山上有一個神女，肌膚像冰雪般的潔白，意態輕盈像處女。

她不吃五穀，只是吸吮空氣和露水而已。

她可以乘御著雲氣，駕馭飛龍，遨遊到四海之外的虛空。

她的精氣凝聚起來，所到之處能使萬物不腐壞，也可使穀物成熟。

她的精氣既廣被萬物，所以人世的治亂在她看來，只是大海中的一個泡沫。

她的汙垢、她的糟粕，不知道可以造就人世多少的堯舜？

【說明】

在廣大的宇宙中，人世的治亂如泡沫的生滅。所以神化莫測的人，明白自然生滅的道理，便不會妄想「立功」。

越人文身

有一個宋國人帶著帽子和衣服到南方的越國去販賣，他以為可以賺到一筆大錢。但是，越人的風俗是：剪斷了頭髮，赤裸著身子，身上刺畫著文彩，全不穿戴衣帽。所以宋人的衣帽對他全沒有用處。

【說明】

用和無用，功和無功，都是相對的，不可執著不化。所以，想通了這道理，堯舜的有功無功和宋人衣帽的有用無用，都同樣不是絕對的。姑射山的神人把堯舜的功勞看做泡沫的生滅，便是同樣之理。

惠施的大葫蘆

惠施是莊子的好朋友。有一次，惠施對莊子說：「魏王給了我一些大葫蘆的種子。我把它種了，結的葫蘆極大，可以裝五石的容量。可是，它的質料不堅固，用來盛水，一拿起來就破了。切成兩個瓢，又太淺裝不了多少東西。因此，這葫蘆雖然大，卻大得沒有用處。我就把它打破丟了。」

莊子聽了，笑說：「可惜啊！你竟不會用大的東西。這個葫蘆這麼大，你何不做一個網絡把它套起來，然後把它綁在腰上，做為『腰舟』，讓你在水中載浮載沉，不是也很愉快嗎？為什麼一定要用來裝水呢？」

【說明】

有用和無用是相對的。惠施堅持以為葫蘆只能用來裝水，莊子卻認為不可以這樣堅持。因此惠施的想法行不通之後，莊子變通的用法，便顯出了妙用。這叫做「無用之用」。

宋人的秘方

宋國有一族人，善於製造一種藥。這種藥，冬天的時候，用來搽在皮膚上，可使皮膚不會乾裂。所以這一族人，世世代代便做漂白布絮的生意。

後來，有個客人聽見這消息，便出了百金的高價，向他們族人收購了這個秘方。

那個客人買得秘方以後，便把它獻給吳王，並說明這個秘方在軍事上的妙用。那時吳越雙方是世仇，吳王得到這秘方以後，就在冬天發動水戰。吳人持有秘方，軍士都不生凍瘡。越人沒有這種藥，軍士便生皮膚病而大敗。

吳人打敗越人以後，獻秘方的客人，便受封了一大塊的土地，生活富裕，社會地位也不同了。

【說明】

同樣的一種藥方，有人不會用，只好世代漂絮。有人會變通使用，便裂土封侯。所以，有用無用，要看你怎樣用。

無用的樗樹

惠施對莊子說：「我有一棵很大的樹，樹名叫做樗（ㄕㄨ shū）。這樹的主幹，木瘤盤結。它的小枝，也都凸凹扭曲，完全不合乎繩墨規矩。這樹就長在路邊，但從來就沒有木匠去理會它。現在你所講的話，依我看也就和這大樹一樣，大而不適用，有誰人會採信呢！」

莊子說：「你沒有看見過狐狸和野貓嗎？為了捕食，東竄西跳，不管高低，結果往往中了機關，死在陷阱裡。至於犛牛身子雖大，像天空垂下來的一塊雲，但他卻不能捉老鼠。現在你有一棵這樣大的樹而愁它無用，那何不把它種在廣大空曠的地方，很舒適地在樹下盤桓休息。這樹既然沒有其他的用處，自然也就不會有人來砍伐，而且它又不會妨害別人，自然你也不必操心了。」

【說明】

㈠樗樹沒有什麼用處，所以不會被砍伐。這對樗樹來講，「無用之用」正是它本身最

大的用處。樗樹的逍遙自在也就顯示出來了。

(二)許多人以為盤桓在樹下休息的人，便是真正逍遙的人。這是不正確的。因為有心依靠樗樹而得來的逍遙，仍然是「有待的逍遙」。所以，逍遙要看你的心境怎樣。有依賴心就不自由了。

齊物論第二

大地的簫聲

南郭子綦有一天斜靠著矮桌，仰頭向天慢慢地吐出了一口氣，悠然地進入了忘我的境界。

他的弟子顏成子游便問道：「怎麼回事啊！你今天的樣子和往日大不相同哩。難道說人的形體可以變成枯木，心靈也可以化做滅灰（死灰）嗎？」

南郭子綦說：「子游，你問得好。剛才我進入忘我的境界，你知道嗎？你聽過人的簫聲，卻沒有聽過大地的簫聲；你就是聽過大地的簫聲，也還沒有聽過天的簫聲啊！」

子游說：「請問這是什麼道理？」

南郭說：「人的簫聲，就是排簫或雲簫，是不必說了。大地的簫聲就是風聲。」

子游說：「風聲我也聽過啊！」

南郭說：「不要急，慢慢聽我講風聲的道理。」南郭繼續說：「大地吐發出來的氣叫做風。風一發作，所有的孔穴便大叫起來。記得大風嗎？大風一吹，山林巨木的孔穴，有的像鼻子、像嘴巴、像耳朵；有的像圈圈、像舂臼；有的像深池、像淺坑。這些孔穴一起發聲，有的像急流、像羽箭；有的像叫罵、像呼吸。有的粗、有的細，有的深遠、有的急切。所有的孔穴像在唱和一樣。大風過去以後，所有孔穴都靜了下來，只有樹枝還在搖動而已。這就是大地的簫聲。」

【說明】

㈠人吹出來的簫聲，使你聽來有喜怒哀樂。大地山林的簫聲，你會認為它也有喜怒哀樂嗎？

㈡聲音的本身是沒有所謂喜怒哀樂的。這點只要你換一個立場去聽，就會明白了。

用「人」的立場去聽簫聲，便有喜怒哀樂。用「自然」的立場去聽簫聲，便沒有喜怒哀樂了。

㈢所以，喜怒哀樂是「人為的分別」，而不是自然。

天的簫聲

顏成子游對南郭子說：「剛才你講的大地的簫聲和人吹的簫聲拿來相比較，我好像聽懂了。那麼更高境界的天的簫聲又是怎樣的道理呢？」

南郭說道：「用剛剛我講過的道理做基礎，你才能聽懂天的簫聲。現在你注意聽吧！天的簫聲是什麼呢？風吹各種不同的孔穴，發出不同聲音。這些聲音所以有千萬種的差別，乃是自然的孔穴狀態使然。而使它們發動的還會有誰呢？」

【說明】

㈠風是誰發動的？

㈡風聲是誰發出的？（風聲指各種孔穴的聲音）

㈢一切都是自然。

㈣人的簫聲、大地的簫聲、天的簫聲，莊子原文分別是：「人籟」、「地籟」、「天籟」。

誰是主宰？

人的形體有許多的骨頭、孔穴、內臟。他們存在得很完備。他們之間是怎麼樣互相支配的呢？都是奴婢嗎？奴婢怎能互相支配？是奴婢們輪流支配嗎？還是另有真正的主宰呢？

用人的立場去追尋「真正的主宰」的話，你說「有真正的主宰」，也不能增減自然的一分。你說「沒有真正的主宰」，也不能增減自然的一分。

人生下來以後，用「人」的立場去追尋「真正的主宰」，就好像把「我」放在馬背上拚命奔馳一樣，永遠停不下來，最後呢？心靈和形體都消失了，這不是最大的悲哀嗎？

【說明】

㈠用人的立場去追尋「真正的主宰」，就好像用人的立場去聽人吹的簫聲一樣。永遠

聽不到大地和天的簫聲。

(二)用人的立場追尋「有」、「無」，不管是「以有為無」或「以無為有」都是迷路了。

(三)一切都是「自然」。用自然的立場去追尋「主宰」，主宰便「非有非無」。「非有非無」就是超越「有無」的人為的分判。

西施是美女嗎？

如果我們當初把天地叫做「馬」，或是把天地叫做「指」，那麼天地便是馬，或便是指了。

路是人走出來的，名稱是人叫出來的。人自己認為對的，就說「對」。人自己認為不對的，就說「不對」。但是「對」和「不對」的標準是什麼呢？

人認為西施是美女。魚呢？魚看了西施，可能就沉入水底去了。

【說明】人用人的立場去創造知識、創造藝術，人就被人所創造的「知識之環」、「藝術之環」套住了。

朝三暮四

有個養猴子的人，拿橡子餵猴子吃。有一天，他對猴子說：「早上給你們吃三升橡子，晚上給你們吃四升橡子，好不好？」那些猴子全都生氣了。他又對猴子說：「那麼，我早上給你們吃四升，晚上給你們吃三升好了。」猴子都高興得不得了。

【說明】

㈠「朝三暮四」和「朝四暮三」在名稱上雖然不同，實質上並無增減。可是猴子的喜怒卻被支配著。

㈡人是否經常也犯著和猴子相同的錯誤？想想看。

昭文不再彈琴

昭文是古代的琴師，他的琴彈得非常好。

但是，後來昭文再也不彈琴了。因為他終於悟到：「當你彈琴的時候，只要你發出一個聲音便失掉了其他的聲音。只有當你住手不彈的時候，才能五音俱全。」

【說明】

㈠古代把宮、商、角、徵（ㄓˇ zhǐ）、羽，稱做五音。

㈡陶淵明的琴，沒有一根弦，他「彈」琴的時候，便只用手「摸摸」而已。淵明的琴，便叫「無弦琴」。

惠施靠在梧桐上

惠施口才很好，和人辯論了一輩子。每次當他辯論累了，就靠在梧桐樹上休息。

惠施靠在梧桐樹上休息的時候，有一次，終於悟出了不辯論的道理。從此就不再勞神去和人家辯論了。

【說明】

利用口才的辯論，把人駁倒，你便算勝利了嗎？你認為你「勝利」，這正是你的「失敗」。因為大道是不能用任何人為的「語言」、「符號」來表達的。

莊子說話不說話？

莊子說：「我一輩子說了那麼多的話，但是，我實在沒有說過一句話。」

【說明】

佛陀為了不讓眾生誤解佛法、不執著在經文的字句名相上，就說：「吾四十九年住世，未曾說一字。」這是不是和莊子有異曲同工之妙？

王倪不知道

齧（ㄋㄧㄝˋ niè）缺問王倪說：「你知道萬物的知識，有共同的標準嗎？」

王倪說：「我怎麼知道呢？」

齧缺又問：「你知道你所不知道的事物嗎？」

王倪說：「我怎麼知道呢？」

齧缺再問：「那麼關於萬物的知識，就無法知道了嗎？」

王倪說：「我怎麼知道呢？」

王倪知道不知道？

齧缺問王倪三句話，王倪三問三不知。齧缺有點失望。

王倪說：「你何必失望呢？你怎麼知道我所說的『知』不是『不知』呢？你又怎麼知道我所說的『不知』便是『知』呢？」

齧缺聽了，心中若有所悟。王倪便又說道：「我且問你。人睡在潮濕的地方，會得到關節炎，泥鰍會這樣嗎？人住到高樹上就會害怕，猴子會這樣嗎？人、泥鰍、猴子住的地方都不一樣，誰知道哪個住處才標準呢？人喜歡吃肉，鹿喜歡吃草，蜈蚣喜歡吃蛇，烏鴉喜歡吃老鼠。這四種動物口味不同，誰知道哪個口味是標準的呢？」

【說明】

萬物的知識，標準不一。所以「人為」的標準，不是「唯一」、「絕對」的標準。如果不明白這一點，誤把「相對」當做絕對，那便離大道越來越遠了。

麗姬的哭泣

麗姬做新娘，嫁給晉獻公的時候，傷心得把衣服都哭濕透了，後來，到了晉國的王宮，睡在柔軟的床上，吃著四海的美味，才知道自己出嫁時哭泣，有多愚蠢啊！

【說明】

人都怕死。這是不是和麗姬出嫁時的心情一樣？這是不是像自幼流浪在外的人，到老了還不知道回家一樣？

長梧子的大夢

長梧子對瞿（ㄑㄩˊ qú）鵲子說：「做夢的人，往往不知道自己在做夢。當他在夢中還在占卜吉利不吉利。到他醒來以後，才知道剛才在做夢。」

長梧子又說：「有大覺悟的人，才知道生是一場大夢。但有時候，有些愚人卻自以為是大覺悟。」

長梧子再說：「我和你都在做夢。我說你做夢，也是說夢話哩！我的話如果有人懂，就是在億萬年之後，也像剎那間遇到他一樣。」

【說明】

㈠有大疑惑的人，才可能有大覺悟。不疑不惑的人，終究不會有大悟。

㈡愚人往往自以為大悟。所以愚人終究還是愚人。

影子的對話

罔兩是影子的影子。

罔兩問影子說：「你一會兒走、一會兒停；一會兒坐、一會兒站。這是怎麼搞的？你不由自主嗎？」

影子說：「我是有所依賴才這樣子的吧！我所依賴的東西又有他的依賴，才這樣子的吧！蛇靠橫鱗才能爬行，蟬靠翅膀才能飛。但牠們死了，雖有橫鱗、翅膀也仍然不會爬、不會飛呀！所以依賴『不依賴』，才是自然吧！」

【說明】

㈠自然之道，是一種變化之道。沒有固定的「君」，沒有固定的「臣」。

㈡依賴「不依賴」，便是變化之道。這意思是說：不要有心去依賴，也不要有心不依賴。「有心」便是人為而不自然了。

蝴蝶夢的大覺

有一天的黃昏，莊周夢見自己變成了蝴蝶。他拍拍翅膀，果然像是一隻真蝴蝶，快樂極了。這時候，他完全忘記了自己是莊周。

過了一會兒，莊周在夢中大悟，原來那得意的蝴蝶就是莊周。那麼究竟是莊周做夢變成蝴蝶，還是蝴蝶做夢變成莊周呢？

莊周和蝴蝶在人為的「名分」上是有區別的。但是，到了夢中，莊周方才大悟：原來莊周也可以是蝴蝶。

這叫做物化。物化就是自然的變化。

【說明】

㈠用自然的變化來看萬物，萬物才得自在。人也才得自在。這便是「齊物」的道理。

㈡能「齊物」才能「逍遙」。逍遙遊的「無待的逍遙」在南郭子綦的故事和莊周夢蝴蝶的故事中，最能獲得啟示。

㈢姑射山的神人，能駕飛龍、乘雲氣。龍、雲也都是指自然的變化。（想想看：這和列子御風有什麼不同？）

㈣蝴蝶夢是夢中的大覺悟，是生死的大覺悟。這夢和覺的打通，便是了生死的要道。

㈤許多譯蝴蝶夢的人，都把這故事割裂成夢、醒兩段，這是不對的。《莊子》原文是：

「昔者莊周夢為胡蝶，栩栩然胡蝶也。自喻適志與，不知周也。俄然覺，則蘧蘧然周也。不知周之夢為胡蝶與？胡蝶之夢為周與？周與胡蝶則必有分矣，此之謂物化。」

文中的「俄然覺」，是指在夢中的「覺」。莊子這種寫法，便是打破人為的「覺、夢」之分別。這便是「夢而不夢，覺而不覺。」

養生主第三

庖丁解牛

庖（ㄆㄠˊ páo）丁替文惠君解剖牛，他的手腳肩膝的動作和刀子出入筋骨縫隙的聲音，無不完美結合，像是古代桑林的妙舞。當庖丁解剖完了以後，牛不知道牠已經死了。文惠君看了，大為歎服，說道：「真想不到你的技術已到這樣的化境。」

庖丁把刀子放下來以後，慢慢地說道：「我解剖牛所使用的不是技術而是道。」文惠君大為驚奇。

庖丁說：「我最初解剖牛的時候，眼中看見的就是一條牛。但三年之後，我解剖的牛多了，眼中看見的便不再是一條牛，而是牛身上的筋骨脈絡的結構。從此之後，我解剖牛便用心神意會，而不用眼睛看了。」文惠君越聽越入迷。

庖丁又說道：「普通的廚子，一月要換一把刀，那是因為他又砍又割。好的廚子，一年才換一把刀，那是因為他只割而不砍。我的刀用了十九年，還像剛從磨刀石上磨出來的一樣鋒利，那是因為我不割更不砍。我的刀鋒只在牛身上的筋骨縫隙遊來遊去，任意活動，所以我解剖牛的時候，牛完全沒有痛苦，它身上的骨肉掉下來，就好像泥土從牠身上掉下來一樣，最後牛便不知道牠已死掉了。這時，我就把刀子拭乾淨，好好收藏起來。」

文惠君說：「好極了！你的話提供了我，最好的養生的道理。」

【說明】

㈠莊子用牛身子的結構，比喻人世的錯綜複雜。不會操刀的人殺牛，硬砍硬割，就好像不懂道理的人，在世上橫衝直闖一樣。徒然地損耗形神。

㈡庖丁解牛，遊刃有餘，便提示養生的自然妙理，必至目無全牛，然後天地萬物乃豁然開解，使你無入而不自得。

㈢「牛不知其死也」，是很精采的一句話。但一般版本的《莊子》，都缺了這句話。本文是參考王叔岷的《莊子校釋》補上去的。

一隻腳的人

公文軒最初看見右師只有一隻腳，心中大為吃驚。後來他仔細地想了一想，終於明白了。於是他說道：「右師只有一隻腳，但只要是天生的，不是人把他砍掉的，那便也合乎自然啊！」

【說明】

㈠看慣了人都有兩隻腳，突然看見一隻腳的人，便常誤會一隻腳的人是「人為的殘缺」。莊子卻提醒我們說：這是「先入為主」的觀念在作祟。

㈡人天生下來如果都是一隻腳，那麼突然看見兩隻腳的人，便也會誤以為那是不自然。

㈢其實，只要是天生的，一隻腳、兩隻腳，乃至像蜈蚣那樣多的腳，亦都是自然的。

㈣養生不是叫你去保養哪一隻腳，或兩隻腳。

籠中的野雞

山林的野雞有時候求食雖然不容易，走十步才找到一條蟲，走一百步才找到一口水，但是牠仍不希望被關在籠子裡。因為，在籠子裡雖不愁吃喝，羽毛光亮，但精神上終不如野外自由。

【說明】

懂得養生的人，不會因為追求物慾的享受，而付出自由的代價。但在現實的社會裡，有幾個人「頭上便是青天」的呢！

自然的刑罰

老子死了。秦失（佚）來弔喪，哭了幾聲就走了。

老子的弟子問道：「你不是我老師的朋友嗎？怎麼隨便哭哭就跑了，一點也沒悲哀的

樣子？」

秦失說：「我是老聃的朋友，我這樣哭哭就可以了。」

老子的弟子很奇怪。秦失便解釋道：「老夫子該來的時候來，該走的時候走，完全順應自然的變化，喜怒哀樂都不能影響他的心，這叫做——『帝之懸解』，就是自然的解脫。所以我不必為他悲傷。剛才我看到許多不是老夫子的親人，在放聲大哭，這叫做『遁天之刑』，就是違背自然的人所遭受的刑罰。這兩個道理，你們應該明白。」

老子的弟子們聽了，便不再悲傷哭泣了。

【說明】

(一)生死只是自然的變化，養生必須了生死，不被感情所打動。

(二)秦失的哭，只是隨俗而已，心情並不悲傷，所以和別人的放聲痛哭不同。

(三)秦失不悲傷，不是故意的不悲傷。

(四)老子之死，只是形體的死亡，不是精神的死亡。秦失明白這道理，所以不會為他悲傷。

薪盡火傳

用油脂來做柴燒，油脂有燒完的時候，火卻永遠地傳下去，沒有窮盡。

【說明】

㈠本篇寓言的原文是：「指窮於為薪，火傳也，不知其盡也。」

㈡「指」是「旨」、「脂」的假借字，歷來都把「指」誤認為是手指，這是要修正的。

㈢油脂是指形體，火是指精神。養生不是保養形體，而是「保真」——保養精神，使其不滅。

養生主

人的生命有限，知識卻是無窮。如果以有限的生命，去追求無窮的知識，那是非常危

險的，知道危險而卻以為知識使你聰明，那就更危險了。

【說明】

㈠知識是以了解養生的道理，也就是了解自然變化的道理為主。了解之後，便順應自然的變化，不要再追逐多餘的知識。否則便是迷路了。

㈡莊子的意思不是「反知識」，而是要人「超越知識」。

㈢人為的益壽延年，不是莊子養生的本意。

人間世第四

螳臂擋車

顏闔問蘧（ㄑㄩˊ qú）伯玉說：「有個人天性嗜殺，如果放縱了他，便會危害我的家國；如果去勸他向善，便會先危害到我自己。那人的脾氣很怪，通常只看到人家的過失，看不見自己的過失。請問這種人該拿他怎麼辦？」

蘧伯玉說：「對付這種人，第一要善巧和順，絕不能冒犯激怒他。他像嬰兒一樣，你便也裝做像嬰兒一樣。他顛三倒四，你也裝做顛三倒四一樣。先使他覺得你和他是同類，

慢慢再設法把他引導過來。」

顏闔說：「為什麼要事先對他那麼和順？」

蘧伯玉說：「你沒有看過螳螂嗎？把它激怒了，它就舉起手臂去擋住車輪，自以為他的力氣很大。你要小心呀，假若誇大自己的才能而去觸犯他，那就和螳臂擋車一樣的危險啊！」

【說明】

㈠勸人向善，雖是一片好意，但所用方法不當，常會招致危機。

㈡用自己的長處去壓倒別人，是危險的事。

養虎的人

養老虎和牠相處，是一件危險的事。

懂得飼養老虎的人，都不敢拿整隻活的動物給牠吃。因為老虎在搏殺生物的時候，會引發怒氣。野性一發，往往不可收拾。

所以養老虎，要注意牠什麼時候餓？什麼時候不餓？什麼時候高興？什麼時候不高興？老虎和人不同類，但能把牠養得像貓兒一樣柔順，便是因為養虎的人先是順著牠的緣故。

【說明】

老虎有老虎的性情，如果能順著牠的性情，老虎便也不凶暴、不可怕了。

愛馬的人

很多人喜歡馬，以為馬比老虎柔順，其實不懂養馬之道，還是很危險的。

從前有一個極喜愛馬的人，伺候他的馬無微不至。他用竹編的筐筐去接馬糞，用巨大的海蛤（ㄍㄜˇ gě）去裝馬尿。

有一天，有一隻巨大的吸血蒼蠅，正停在馬背上吸血。養馬的人一看，便悄悄走過去，出其不意用力拍去。馬受了驚嚇，便用後腳一踢，把養馬的人踢死了。

【說明】

這篇寓言很精采，值得三思。莊子這篇寓言的本意是：「意有所至，而愛有所亡（忘）」。意思是說：你喜歡一個人，那人卻不一定了解你的愛。

土地神的樹

匠石有一次要到齊國去。帶了幾個弟子跟在後面。當他走到山路上剛剛拐彎的地方，看見一個土地神的廟旁邊，長著一棵巨大無比的樹。

這棵樹的樹蔭，可以容納好幾千條的牛在樹下休息。它的樹幹巨大，直到半山以上才開始有分枝。這些分枝可以拿來做獨木舟那樣粗的，數以百計。

匠石的弟子和很多路人都聚在路邊，好奇地看著這棵巨大的怪樹。只有匠石看了一眼便掉頭不顧，繼續走他的山路。

匠石的弟子看飽了以後，便追上來問道：「師父，自從我們追隨你學工藝以來，從沒有見過這麼大的樹。師父怎麼不停下來看看，掉頭就走了呢？」

匠石說：「算了吧。那不過是一棵根本沒有用的樹（散木）。用來做船就會下沉。用來做棺材，很快就爛掉。用來做器具，又不夠堅固。用來做門框，又會有樹汁流出來。用來做柱子，又會長蛀蟲。總之根本就是一棵沒有用的樹，所以才會長得這麼高大。既然沒有用，我還看它做什麼？」

到了那天晚上，匠石忽然做了一個奇怪的夢。他夢見那棵大樹對他說：「你白天說我什麼？你說我是沒有用的散木，我說你才是沒有用的散人呢！你怎麼不想想看，我如果有用的話，不早就給你們砍掉了嗎？我哪裡能夠活到今天呢？你再看看那些橘柚之類的樹，果子成熟的時候，常被人家拉拉扯扯，備受侮辱。松柏之類的樹，甚至經常被人砍掉，性命不保。世俗的人，不也都是這樣咎由自取的嗎？」

匠石聽了大為高興，便對大樹道歉說：「真是對不起，原來你是一棵具有大智慧的樹。」

那棵大樹又說：「為了把我自己變成沒有用的樹，我不知道傷過多少腦筋。有好幾次，就因為我是沒用的樹，也幾乎被人家砍死。所以，最後我才找到這個地方。」

第二天，匠石便把昨晚的夢告訴弟子們說：「你們要注意呀！沒有用的用處，才是最大的用處哩！」

弟子們點點頭，然後又問說：「那棵樹既然把自己變成沒用的樹，那又何必一定要長在土地廟的旁邊，引人注意呢？」

匠石道：「說話小聲點，不要又被那樹聽見了。你們何不想想看，那棵沒用的樹，可以任意長在大路中央嗎？它長在土地廟旁邊，人家以為它是土地廟的樹，就是要砍來當柴燒，也不敢來砍它了。」

【說明】

㈠有用和無用是相對的。任何情況下都「有用」，固然危險。任何情況下都「無用」，也是危險的。

㈡「無用之用」是指一種變通。比如說沒有用的樹，木匠固然不會砍他來用，但它如果剛好長在大路中央，還是有被推土機推掉的危險。反過來說，一棵有用的樹，如果長在深山，人跡不到，那麼他還是可以保全的。

㈢「甲的補藥是乙的毒藥」，好好想想這句話。

河神的祭物

宋國荊氏的地方，適合種植楸樹、柏樹、桑樹。這三種樹長到一握粗的，就被砍去做養猴子的木樁。更粗壯的，便砍去做高大的房子。最粗的，就被富貴人家砍去做棺材了。所以這些樹，都不能享盡自然所賦予的年壽，紛紛在中年就夭折了。

古代祭祀河神的時候，凡是白額頭的牛、高鼻子的豬，和有痔瘡的人，巫祝都不會把他投到河中祭祀河神。因為這些都被看做「不祥」。

因此，有智慧、通變化的人，便常以「不材」、「不祥」的姿態出現，以免除世上的禍害。

【說明】

《史記》西門豹治鄴的故事，說鄴地風俗是以美女來祭河神的。女子因為長得美，便做了河神的「犧牲」。那麼「美」究竟是「祥」？還是「不祥」？智者必能分別，不會白白做了「犧牲」。

不可想像的怪人

有一個怪人，頭彎到肚臍下面，兩個肩膀高過頭頂，髮髻朝天，五臟不正，腰夾在兩股（大腿）中間。他的名字叫做支離疏。

支離疏替別人縫洗衣服，就可以養活自己。替人卜卦算命，可以養活十幾個人。在亂世的時候，官吏到處拉人去當兵，支離疏大搖大擺地在路上走，沒有人會要他。有時候，政府救濟貧民，支離疏列入甲級貧戶，可以領到不少的柴米。

像支離疏這種殘廢駝背的怪人，在亂世都能保全性命，何況那些有智慧的人呢？

【說明】

有智慧的人，不計較形貌的殘缺和醜陋。殘缺和醜陋也能免除許多的禍害。

楚狂人接輿

孔子周遊天下，來到楚國。楚國的狂人接輿，見孔子到處碰壁，自身難保還在推行他的道德理想，便高聲諷刺道：

鳳呀！鳳呀！你怎麼這般落拓！
天下有道，智者便出來化成天下。
天下無道，智者只能保全性命要緊。
算了吧！算了吧！這樣的時代。
不要再用你的光明去顯出人家的黑暗了。
荊刺啊荊刺，不要傷了我的腳。
我已經在拐彎走了。

【說明】

有智慧的人，出處進退，要看時機才好。

油把自己燒乾了

樹被拿來做斧頭的柄，反過來砍伐它自己。
油脂被用來點火，結果把自己燒光了。
桂樹可以吃，被人砍下來吃掉。
漆樹可以防腐，被人用刀子割了。
世人都只知道「有用的用處」，卻很少人知道「沒有用的用處」。

【說明】

商鞅、吳起、蘇秦、張儀都很聰明，但都不得好死。「聰明」有時候成為殺死自己的工具。

顏回心齋

衛國的國君很壞，做了許多傷天害理的事。

顏回向孔子請求，說：「請讓我前去感化他吧！」

孔子說：「可以是可以，但是你存心去感化他，只怕反而很難感化他了。」顏回以為孔子不相信他的德行，有點不服氣。

孔子卻又說道：「你先回去齋戒幾天再說吧！」

顏回說：「我窮得要死，從來就不喝酒、不吃葷，何必再回去齋戒？」

孔子說：「那只是祭祀的齋戒，不是心理的齋戒。」

顏回說：「請問什麼叫心理的齋戒？」

孔子說：「先去忘了你的心智機巧，使你的心一片空明，這樣才能感應一切。如果能做到這樣，鬼神都能感應，何況是人呢？」

【說明】

顏回雖然道德很高，但是「自我」的意識太強，容易與人對立。「心齋」就是化去、除去自我，不為功、不為名、不為己，這樣才能真正感化人。

飲冰的人

葉公子高將出使齊國。

他問孔子說：「我這次所負的使命很重，使我心裡急得要命。我一直在想：事情如果不成，就會得罪國君；事情如果成了，我也會受內傷。結果成與不成，我都會受傷害，請問這要怎麼辦？」

孔子說：「你現在感覺怎樣？」子高說：「我憂心如焚，一直想去吃冰解熱。」

孔子說：「你放下心來，聽我說吧。天下有兩個大法，不能逃避。一個叫做命，一個叫做義。」

「子女和父母的關係，叫做命。這個自然的結，是解不開的。臣子和君王的關係，叫做義，這個人為的結，是天地間避不開的。」

「所以，遇到命和義這二個大法，只有忘去自我的利害得失，按照實情去做，便可以了。」

【說明】

㈠辦任何事，以自我的利害得失為重，內心便受蒙蔽。參見〈顏回心齋〉條。

㈡梁任公的《飲冰室文集》，典故出於此處。

德充符第五

跛腳駝背的怪人

有一個跛腳、駝背、缺唇的怪人，和衛靈公交遊，靈公不久就很喜歡他。後來，靈公看了那些形體完好的人，反而覺得他們的脖子太細長了。

又有一個脖子上長著大瘤的人，和齊桓公交遊，桓公很喜歡他，後來他看到那些形體完好的人，也覺得他們的脖子太小了。

【說明】

㈠跛腳和巨瘤怪人，因為道德充實，使人感化，所以便忘了他的形貌醜惡。常人重外貌而忽道德，莊子說：這叫做「不忘其所忘，而忘其所不忘」。意思是說：人們都忘不了應該忘掉的形體，反而忘掉了不該忘掉的道德。這是大迷惑了。

㈡莊子的「道德」和儒家的「道德」不一樣，請注意。莊子的道德是以自然為本位，儒家的道德是以人為本位。

人是無情的嗎？

惠施問莊子：「人是無情的嗎？」

莊子說：「是的。」

惠子說：「人是無情的，這是什麼意思？人如果無情，還算是個人嗎？」

莊子說：「我所謂的無情，不是說人沒有感情。我是要世人不要用自己私人的好惡之情去養生，那是不合自然之情的。」

【說明】

人為的感情，有所愛，便有所不愛。這種愛、這種情，不能普及。所以這種情是會傷己傷人的。

自然之情，無愛、無不愛，所以能普及。能普及，就能長久了。

小豬不吃奶

有一群小豬，本來正在吃母豬的奶。忽然之間，母豬兩眼翻白死了，小豬便紛紛跑開，不再去吃奶了。

【說明】

母豬活著和死時，形體的外表並無什麼不同，只是眼神完全不一樣了。小豬愛他的母親，是以精神上引為同類，而不是以形體引為同類的。

沒有腳趾頭的廢人

魯國有一個被砍去腳趾頭的人，名叫叔山無趾。

有一天，他用腳跟走路來見孔子。孔子說：「你從前既然這樣不自愛，被官府砍掉了腳趾頭。今天就算你來見我，也已經太晚了。」

叔山說道：「我的腳趾雖然不見了，但我身上還有比腳趾頭更寶貴的東西在呀！我來見你，就是想保全那些更寶貴的東西，而不是想補救我的腳趾頭啊！」

孔子一聽，立刻道歉說：「真是對不起，我剛才太魯莽了。請你進門來指導指導我的門徒吧！」

無趾的叔山，不再說話，逕自走了。

【說明】

叔山無趾是有德之人，所以孔子對他再也不敢怠慢。那麼形體的殘缺，當然也就不能決定那人是為廢人了。

孔子的知名度

叔山無趾去見老聃。

叔山說：「孔丘那樣的人，恐怕不能算是至人吧！他教的學生那麼多，名氣那麼大。難道他不知道至人是把知名度當做枷鎖嗎？」

老子說：「是呀！那你去幫他把枷鎖解掉吧！」

叔山說：「他一心想救世。這大概是上天要刑罰他的吧。既是上天要罰他，我又怎樣去幫他解脫呢？」

【說明】

㈠孔子並不是不知道，世俗給他的名望是一種累贅。但是他沒有辦法不把「名望」背在肩上，除非他放棄救世。這點莊周很了解他。因此莊子並非諷刺孔子是個虛偽好名之徒，我們不可誤會。

㈡莊子也在救世，但他的方法和孔子不同。莊子在當時是寂寂無聞的。

申徒嘉責子產

申徒嘉是個受過刑罰，被斬去腳趾的人。他和鄭國的宰相子產，一同師事伯昏無人。有一天，子產對申徒嘉說：「我是宰相，你是刑餘之人。你不可以和我一同出入，也不可以和我共坐在一塊席子上。」

申徒嘉說：「我本來以為你是道德很高的人，所以才和你同出入，同坐在一塊席上，想不到你居然說這種話！」

子產道：「你這個殘廢的人，不先反省自己的過失，竟來責備我，難道你還想和堯舜爭善不成！」說完便走了。

第二天，申徒嘉對人說道：「一個人肯承認自己過失的，太少了。我從前誤入刑網，到處受人取笑，所以才來拜在我師父門下。十九年來，我完全忘了自己是個殘廢的人。我與子產原以道德為友，想不到他仍然斤斤計較於我的形體。」

子產知道以後，大為慚愧，便向申徒嘉道歉說：「我錯了，請不要再向別人這樣說吧！」

【說明】

㈠一個人一生中，不可能沒有過失。申徒嘉既然改過向善，子產便不應該以世俗的名位，去侮辱一個改過修道的人。何況，形體也不過是精神的旅舍而已，住久了，它也是會壞的。

㈡這是莊子編的故事，不要誤以為歷史上的子產便是這樣的人。

大宗師第六

相忘於江湖

江湖的泉源乾枯了，魚兒都困處在地面上，很親切的用口沫互相滋潤著。這倒不如江湖水滿的時候，大家悠游自在，不相照顧來得好。

【說明】

㈠人間世上的「仁愛」，就像魚兒用口沫相滋潤一樣。所以退一步想，當人需要用「仁

愛」來互相救助的時候，這世界便已不好了。

(二)大自然的愛，是無量的愛，就像江湖中的水一樣。

(三)人如果要師法自然的話，就必須了解人為的「博愛」，畢竟是有限的。

(四)所以，人應該相忘於自然，如同魚兒相忘於江湖。

(五)本篇寓言，文字精采優美，錄之如下：

泉涸，魚相與處於陸，相呴（ㄒㄩ xū）以濕，相濡以沫，不如相忘於江湖。

自然是大力士

自然像個大力士，他有無窮的力量在運轉。

大自然賦給我形體，用生活來使我勞動，用歲月來使我年老安逸，用死亡來使我永遠休息。

所以，如果我們以「獲得生命的形體」（生）來自得的話，就必須以失去生命的形體（死）也能自得才好。

自然是變化不停的，凡是悅生而惡死的人，便是不通自然之理的緣故。這種人就好像

是他把船藏在山裡，把車藏在島上，自以為非常穩固。半夜裡來了一個巨人，把整座山都背走了。那個人還在夢中，以為自己藏的船仍在原地哩！

把生死交付自然，把天下藏在天下。這便是師法自然的大宗師。

【說明】

㈠自然是變化的，人必須順應自然。這樣才能不喜不懼，生死如一。

㈡人應該了解自然的變化，納入變化之流才好。如果想以人力來對抗自然，那就好像用力想把自己舉起來一樣，那是白花氣力的事。

四個知己

子祀、子輿、子犁和子來四人，有一次在一起說道：「誰能把虛無當做頭，把生當做脊椎，把死當做脊椎的尾骨？誰知道生、死、存、亡是同為一體？如果有這樣的人，那我就和他做朋友。」四人說完便相視嘻嘻笑，一付臭味相投的樣子。

過了幾天，子輿忽然得一種「拘攣」的怪病，身體彎曲像是駝背的人。子祀前去探看

他的病，一見面就說：「真是偉大呀！造化把你弄成這副樣子！」子輿心裡也毫不在乎，他走到井邊照自己的影子，也說道：「真是偉大呀！造化把我弄成這副樣子。」

子祀問子輿說：「這副樣子，你心中討厭嗎？」

子輿說：「我哪裡會呢？假如造化把我左膀子變做雞，我就叫牠替我報曉；假如造化把我的右膀子變成彈丸，我就用它打鳥，烤了吃。假如把我的脊椎尾骨變成車輪，把我的精神變做馬，那我就乘坐著它走路，再不用其他的馬車了。」

過了不久，子來也生病了。呼吸很急促，眼看就快死了。他的妻子抱著他哭泣。子犁前往問候，對子來的妻子說道：「走開點，不要驚動他的變化。」說罷，靠著門對子來說道：「偉大的造化，又要把你變做什麼呢？要把你變做老鼠的肝呢？還是蟲子的翅膀呢？」

子來說：「人都是自然所生的啊！所以，自然叫我們到哪裡，我們就只好到哪裡。大自然賦給我形體，活著的時候，要我勤勞；年老的時候，要我安逸；死的時候，要我休息。所以，如果我認為生是好的，那死也是好的啊！譬如鐵匠在打鐵的時候，他要把鐵打成什麼，便是什麼。如果鐵不肯順從，自己跳起來說：『我要變成寶劍，我要變成寶

劍！』那麼鐵匠就會認為這塊鐵是不祥的了。現在我從造化得到人形，如果我就堅持對造化說：『我永遠要是個人形，我永遠要是個人形！』那麼造化必然認為我是不祥的了。所以，天地是一個大爐子，造化是個打鐵匠，我死之後，變成什麼不可以呢？我是在夢中得到了大覺悟哩！」

【說明】

這篇順應自然變化，無我無心的故事，是典型的「自然主義」。我們應該注意的是：順應自然的變化，是指「超越人為智慧」的一種醒覺狀態中來順應，而不是像臨死前的昏迷無知那樣的順應。所以本篇是提示：你的心，不要被疾病所拖累，不要被疾病所昏迷。如果被拖累、被昏迷，那你就會忘了自然的變化，落入私人的好惡了。

方內和方外

子桑戶、孟子反、子琴張三人結交為友，有一天他們在說道：「誰能相愛而忘了相愛？誰能相助而忘了相助？像自然互相關連，卻出於無心那樣。最後忘了死生，同遊於無窮的

宇宙天邊。」三人相對微笑不已。

過了不久，子桑戶死了，剛要下葬。孔子便派子貢去問候。只見孟子反和子琴張一個在編養蠶的蠶具，一個在彈琴。然後又見他們二人唱和，說什麼：「子桑戶呀子桑戶，你已返樸歸真，我們卻還是人形哩！」

子貢問說：「你們在對著屍體唱歌，請問這合禮嗎？」二人便相視而笑，反問說：「你知道什麼叫做禮嗎？」

子貢回去以後，問孔子說：「他們是些什麼人呢？怎麼完全不受禮教的規定，對著死去的朋友唱歌，既不悲哀，也不慚愧哩！」

孔子說：「他們是一些方外的人，我們是方內的人。他們超越世俗，我們在世俗裡面。他們和造化做朋友，我們是和人做朋友。所以他們接受自然的變化，對死去的朋友不會悲哀。我們受人倫禮教的束縛，像受罪的人一樣，所以要被他們嘲笑了。」

【說明】

㈠方外和方內是兩個不同的次元。「方外」的次元是以大自然為本位，「方內」的次元是以人為本位來思考的。

㈡孔子不是不懂方外，只是對廣大的人群有所不忍。所以他一輩子提倡禮教，為了維護社會的秩序而奔波。

人相忘於道術

子貢問孔子說：「夫子為什麼要遊於方內，接受禮教的束縛，像受刑的犯人一樣。何不也在方外一遊呢？」

孔子說：「要暫遊方外也可以呀！」

子貢說：「請問有什麼方法呢？」

孔子說：「魚的生活，要得水才舒適。人的生活，要得道才舒適。得水才舒適的，只要池塘的水滿了，就可以了。得道才舒適的，只要得了自然的道，安定性情，也就可以了。所以說：魚在江湖，只要水滿了，魚便自由自在，忘記自己在水裡。人在自然，只要得了道，快樂自足，便忘了道的存在。」

【說明】

人心裝滿了各種知識，就被各種知識隔成一間間的小房子那樣，那就不自在了。所以要打通知識，要依賴而不依賴知識（即超越知識）「心」的靈活最要緊，像鏡子那樣，萬象來者不迎，去者不送自然映照就是了。能夠這樣，方內、方外也就沒有什麼間隔差別了。

君子和小人

孔子說：「人之君子，天之小人。」

在社會上遵守禮教的人，被稱為君子。但是他們遵守禮教，他的心性，往往也被禮教束縛住了。所以，這在自然的無拘無束、自由自在地觀照之下，反而是個「小人」了。

【說明】

這句話：「人之君子，天之小人」的啟示，很要緊。這說明人為的標準所分劃的「君子」

、「小人」，只是自然的泡沫而已。以泡沫為泡沫，認為泡沫一成不變，猶如以人定的「君子」為「君子」，一成不變，那是自迷心性了。

孟孫才哭泣不動心

顏回問孔子說：「從前我聽老師說，辦理喪事，心中要真正悲哀，才算合禮。但是孟孫才辦理喪事，只是表面哭了一哭，心中一點也不悲哀。他在魯國，卻以善處喪事而聞名。請問這是什麼道理？」

孔子說：「孟孫氏可以說是明白大道的人了。他的做法，比起世俗處喪禮的人確實要高明。世人都以自己的私情好惡，損害自然的真樸。像死亡，雖是形體上駭人的巨變，但孟孫氏心中很清楚，那只是人的精神搬了一個新的住宅一般。所以他辦喪事，人哭亦哭，隨順世俗而已，不以此累及真我。能這樣順應變化，便達到了清虛純一的境界。」

【說明】

從自然變化的觀點，把死亡看做巨大的悲哀，是錯誤的。孟孫才破除執迷，把人的形

體當做一種「偶然的變化成形，偶然的變化消失」，所以他不會悲哀。世俗之人卻執迷不悟，為它哭泣、為它喜悅，自以為明理，實則是在大夢中而已。

自然的生滅

意而子問許由說：「先生在山林好嗎？」

許由說：「你來這裡做什麼？你不是和堯在一起嗎？這許多年，堯教給你什麼呢？」

意而子說：「堯教我要力行仁義，要明辨是非呀！」

許由說：「那麼堯已經在你的臉上刺字，用仁義傷害了你的臉，用是非割了你的鼻子，難道你不自覺嗎？這樣你還想來到自然的路上自在逍遙嗎？」

意而子說：「先生指導我吧！讓我遊在大道的邊境上好嗎？」

許由說：「眼睛壞了，怎麼看得見顏色呢？」

意而子說：「無莊得了大道，忘了自己的美貌。據梁得了大道，忘了自己是力士。黃帝得了大道，忘了自己的智慧，這些都是錘鍊的功夫罷了！誰知道造化不是用刺傷我的臉、割去我的鼻子，來使我休息補過的呢？」

許由說：「啊！自然，你這大宗師啊！秋霜凋殘萬物，不是有心制裁！春雨生養萬物，不是為了仁慈。你雕刻萬物種種的形狀，不是有心顯示你的機巧。意而子，你想在自然的大道上散步，就這樣子隨我來吧！」

【說明】

自然的變化，純是無心的作為，老子稱做「無為」。春雨秋霜，不是有心為生滅。自然的生生滅滅，實則不生不滅、不增不減。

顏回坐忘

顏回說：「我有進步了。」

孔子說：「什麼進步？」

顏回說：「我忘去禮樂了！」

孔子說：「很好，但是還不夠！」

過了幾天，顏回又見孔子，說：「我又進步了！」

孔子說：「什麼進步？」
顏回說：「我忘掉仁義了！」
孔子說：「很好，但是還不夠！」
過了幾天，顏回又來見孔子，說：「我又進步了！」
孔子說：「怎麼進步法？」
顏回說：「我坐忘——當下忘我了。」
孔子吃驚的說道：「什麼叫坐忘呢？」
顏回說：「不用耳目的聰明。忘去形體、忘去心智，使心中空明。萬象生滅，任他去來，這叫坐忘。」
孔子說：「很好，讓我也來向你學習吧！」

【說明】

修大自然之道，第一步是忘禮樂，第二步是忘仁義，第三步是忘自我。「萬象生滅，任他去來」，這話很要緊。

子桑唱貧窮之歌

子輿、子桑是好朋友。

有一次，天上接連下了幾十天的雨，子輿知道子桑貧窮，大雨緜緜，他一定沒地方去謀食，於是帶了飯包去看子桑。

剛到子桑門口，就聽見子桑像在唱歌，又像在哭泣。只聽他唱說：「父親嗎？母親嗎？天啊！人啊！」

子輿聽他的聲音都變了。聲音微弱而急促。子輿走了進去，問道：「今天怎麼啦？」

子桑道：「我病了。這幾天，我一直在想：究竟是誰使我這般窮困？是父母嗎？是天地嗎？我想不出來。父母對我沒有私心，天地對我更沒有私心，那麼我的貧困，必然是命吧！」

【說明】

人所無法選擇的遭遇，叫做命。譬如：你生下來是個王子，還是乞丐？你生下來是一

隻腳，還是兩隻腳？這是人力無法決定的。明白了這道理，修道的人，就必須安命。以道為友。

應帝王第七

沒有累贅的帝王

齧缺問王倪，問了四次，王倪每次都說：「我怎麼知道呢？」齧缺領悟到「不知道」的妙處以後，高興得跳起來，去告訴了蒲衣子。

蒲衣子說：「你現在才知道『不知道』的妙處嗎？這就是虞舜不及伏羲氏的道理。」虞舜胸中藏著仁義，使人民歸化，但他卻不能超越仁義之外，心中被外物所累。伏羲氏睡覺的時候很寬舒，醒來的時候很自足。他的智慧天真而不做作；他的德性，

自然而不虛偽。他為人家做事，就像一匹馬、一頭牛一樣，渾同自然，所以沒有累贅。

【說明】

㈠從「無知」到「有知」，是從「沒有人為的標準」到「有人為的標準」。那麼，從「混沌」到「仁義」也是一樣的道理。

㈡本篇只是一個比喻。莊子所要到達的「無知」是超越知識的「無知」，不是愚蠢茫昧的「無知」。莊子所要求的「混沌」也是同樣之理。所以莊子不是「反智論」。

㈢不要從歷史的事實上去認定：「伏羲氏高於虞舜」，這樣容易誤會。

海中鑿河

肩吾去見狂接輿。狂接輿問說：「日中始對你說了些什麼？」

肩吾說：「他告訴我：人君要用自己制定的法度儀軌，去治理天下，人民才會歸順感化。」

狂接輿說：「那是假理而不是真理。那樣治天下，就像在海中鑿河，或是叫蚊子背山

一樣，是不會成功的。」

【說明】

㈠人為的法理只是「暫時的」使用，或過渡階段的使用。如果要達到太平的理想，必須使用自然的法理，才是大道。

㈡但是，在一個社會的水準還不夠高的時候，使用「自然的法理」去治理也是行不通的。

什麼叫做明王？

陽子居去見老子。問說：「如有一個人敏捷有力，疏通明達，學道不倦，這人可以和明王相近嗎？」

老子說：「這種人就和衙役有了才能便供人使喚，有了技藝便被技藝牽累一樣。徒然勞動自己的形體，攪亂自己的精神而已，離開明王是越來越遠了。」

老子又說：「虎豹因為身上有紋彩，被人捉去。猿猴也因為身子矯捷，被人獵捕。你

說他們是真正有智慧嗎？」

陽子居聽了，臉上變色，說道：「那請問明王究竟是怎樣？」

老子說：「明王治天下，不自以為有功；澤及萬物，百姓不覺。這樣神化莫測，才能算是明王。」

【說明】

楊子居就是楊朱。本篇說明：任用人的智慧和力氣，自以為能，那是很渺小的，絕對做不了一個真正的明王。

神巫不敢再相命

鄭國有個極靈驗的巫，名叫季咸。他替人算命，推出人的禍福存亡，日期準確，效應如神。因此，鄭國人看到他就跑，惟恐他說出不吉祥的話來。

列子聽說季咸相命這樣準確，心中大為佩服，便回去對他的老師壺子說：「本來我以為老師的道術是最高的，現在我才知道還有更高的人哩！」

壺子說：「你的道行還淺的很，居然就下山想和人家對抗。你一定有心爭勝，露了形跡，所以人家就乘隙把你窺測了。不信的話，你叫他來替我相面。」

第二天，列子帶了季咸來，替壺子相面。季咸看了以後，出來對列子說：「奇怪了！你的老師就要死了，活不成了。不到十天必死無疑。我剛才看到的是一團死灰。」

列子聽了，哭得很傷心，進去告訴了壺子。

壺子說：「不要哭了。剛才我是故意閉塞了生機，顯出陰冷的土相讓他看看。所以他認為我快要死了。明天你叫他再來看相。」

第二天季咸又來看相，看了以後，出去對列子說：「這下好了。幸虧你的老師碰到我，有救了。我看出他的生機有了變化。」

列子進去告訴了壺子。

壺子說：「剛才我從腳後跟發出一股生機，使他感受到自然的和氣，因此他認為我有了一線生機。明天再叫他來看相。」

第三天季咸又來看相。季咸看了，出去對列子說：「今天他的氣色，陰晴不定。不像前天的陰冷，又不像昨天的暖和，我便不能判定了。等他氣色穩定了，我再來替他相相看吧。」

列子又進去告訴了壺子。

壺子說：「剛才我顯示給他的相叫做『太沖莫朕』，就是我發動氣機，冷暖變成渾然一氣，所以無跡可循。這就像深淵所出現水面的迴旋紋有九種，我只是拿出三種迴旋紋給他看看而已，但他已經看不出苗頭了。明天再叫他來看看。」

第四天，季咸又來看相。剛一進門，腳跟還沒有站好，他掉頭便跑。壺子說：「別讓他跑了，把他追回來。」於是，列子拔腳便追，追了一陣子，季咸卻一溜煙似地，跑得無影無蹤了。

列子回來對壺子說：「他跑得比什麼都快，一下子就不見了，我追不到。」

壺子說：「剛才我給他看的是一片空白的境界。不知道是誰使我動，不知道是誰使我靜，就像行雲流水，變化無方，所以他一看，便嚇跑了。」

於是列子才知道壺子的道行，深妙不可測。然後列子回到家裡，替太太燒飯，親自餵豬，三年都不出門。

【說明】

㈠道行高的人，變化無方。自以為有神通的巫，終於知道自己的渺小了。世俗以季咸為神巫，那是離大道更遠了。

㈡世俗常崇拜神道，其實神道只是大道之末。「神巫」碰到壺子，一點也「不神」，弄得落荒而逃，可見「神巫」的方術，不過是大道之末，大道之花而已。

渾沌死了

南海的帝王叫做儵（ㄕㄨˋ shù）。北海的帝王叫做忽。中央的帝王叫做渾沌（ㄏㄨㄣˋ ㄉㄨㄣˋ hùn dùn，也做混沌）。

儵和忽常常跑到渾沌住的地方去玩，渾沌對他們很和善。於是儵和忽為了報答渾沌的恩惠，有一天他們便商量說：「人都有七竅，用來看、聽、飲食和呼吸。渾沌卻一個竅也沒有，真是可憐。讓我們替他開七個竅吧！」

儵和忽每天替渾沌開一個竅。七天以後，渾沌就死了。

【說明】

㈠渾沌之為渾沌，就是沒有七竅：有了七竅，就不叫渾沌了。

㈡本篇比喻人為的智巧、機巧，會損害自然的本性。所以人的智慧必須和自然合而為一，才是真智慧。科學家的實驗，不能違背自然，便也顯示這個道理。佛家不稱「智慧」而稱做「般若」（ㄅㄛ ㄖㄜˇ bō rě），也是這個道理。般若即「妙智慧」，把智慧加一「妙」字，以示其智慧不同於人為的智慧。

駢拇第八

第六隻手指

有的人天生下來就有六隻腳趾，有的人天生下來就有六隻手指。有六隻腳趾，或有六隻手指，只要是天生的，便是自然的。但是，如果有人想要六隻腳趾，或六隻手指，那便是過多的要求了。

【說明】

自然所生下來的「第六隻手指」，無所謂多，也無所謂少。但有心去要求「第六隻手指」，便是貪多。貪多便不合自然了。

大道的歧路

人的眼睛，能看見自然種種的顏色。離朱卻去創造種種的文采，擾亂了眼睛的視覺。

人的耳朵，能聽見種種自然的聲音，師曠卻用金石絲竹種種的樂器，創造各種的聲音，擾亂了耳朵的聽覺。

人的五臟，能產生種種的感情，曾參、史鰌卻去提倡仁義，刺激五臟，產生更多的感情，擾亂自然。

人的嘴巴，能發種種的聲音，楊朱、墨翟卻喜歡辯論，發出種種的聲音，擾亂大道。

【說明】

人為的文采、樂聲、仁義、辯論，對大道來說，是多餘的，就像第六隻手指。所以，不要以為你的眼睛能分辨更多的文采、你的耳朵能分辨更多的聲音、你的內心能產生更多的仁義、你的嘴巴能駁倒更多的人，便認為是「高明」。真正的高明是要超越這種境界才好。

鴨腳太短嗎？

自然的長，不算太長。自然的短，不算太短。

鴨子的腳，雖然很短，你不能去把它接長。接長了，牠就難過了。

鶴的腳，雖然很長，你不能把它切短。切短了，牠就悲哀了。

因為：鴨子腳短而脖子長，鶴則腳長而脖子短，相互為用。

【說明】

所謂長，所謂短，不要用人為的標準去分劃它。你多注意自然的功用，那麼：長的不是長，短的也不是短了。鴨、鶴的比喻，一目了然。仁義傷五臟，其理類推可知。

牧羊人走了羊

臧（ㄗㄤ zāng）和穀二人去牧羊，二人都丟了羊。

有人問臧說：「你為什麼會丟了羊？」

臧說：「我在草地上看書，羊就走失了。」

有人問穀說：「你為什麼會丟了羊？」

穀說：「我在草地上和人賭博，羊就走失了。」

臧和穀二人，所做的事不同，但是丟掉羊是一樣的。

在世俗上，小人為了利而丟掉性命；讀書人為了名而丟掉性命；大夫為了保全他的家族而丟掉性命；聖人為了保全天下而丟掉性命。他們的事業不同，名稱各異，但追究起來，傷害性命卻是一樣的。

【說明】

不管使用什麼理由，不管假借什麼名號，違背自然的法理，傷害性命，都是大迷惑。

伯夷和盜跖

伯夷為了清廉，死在首陽山。盜跖（ㄓˊ zhí）為了貪利，死在東陵山。二人死的原因不同，傷身傷性是一樣的。

世人用什麼標準來說伯夷對，盜跖不對呢？如果從傷身損性來看，伯夷就是盜跖，君子就是小人了。

所以，自然的大法，不可違逆，這是最要緊的。為了適從仁義而違背自然，雖有曾參、史鰌的修養，我也不敢稱之為善。為了分辨五音，而違背自然，雖有師曠的修養，我也不敢稱之為聰。為了適從色彩的分辨，而違背自然，雖有離朱的修養，我也不敢稱之為明。

【說明】

能聽見自然的聲音，叫做聰；能看見自然的色彩，叫做明；順著自然的性情，自足快樂，不假仁義，叫做善。

馬蹄第九

伯樂的罪過

馬蹄可以踐踏霜雪，馬毛可以抵禦風寒。牠吃草飲水，舉起腳就能跳得很高。這就是自然賦給馬的本性。如果你給牠築個高台或華屋，對牠是沒什麼用的。

但是，自從有了伯樂以後，伯樂說：「我最善於訓練馬。」於是挑選了一些所謂的良馬，用燒紅的鐵來整治馬蹄，在馬的身上烙上鐵印，用剪刀修理馬的毛。這樣一來，馬已死掉十之二三了。然後為了訓練馬的耐力，用飢、渴來磨練牠。為了調整馬的速度，便時快時慢來控制牠，有時以用轡頭來拉扯，有時以鞭子來催促。馬受了這些折磨以後，又關在馬槽裡，失去了自由，馬就死去一大半了。

【說明】

㈠從自然主義的觀點看來，伯樂整治馬，便是一種人為的罪過。

㈡莊子的自然主義，是要把人從「無知」，帶到「有知」，再帶到「超越知」的第三層境界。伯樂治馬，在莊子看來，便是「聖人治人」那樣，只是到達第二層境界而已。所以莊子笑伯樂，也笑儒家的聖人。

胠篋第十

防盜術

世俗之人，為了防備小偷，把珠寶鎖在箱子裡，把金塊密密地縫在袋子裡，自以為是最聰明的防盜術。

有個夜晚，來了一個大盜，把珠寶箱和錢袋背了就跑。一路上，那個大盜還惟恐那箱子鎖得不牢，袋子縫得不密哩！

這樣看來，世俗所謂的防盜術，究竟是聰明？還是愚蠢呢？

【說明】

㈠本篇篇名「胠篋」（ㄑㄩ ㄑㄧㄝˋ qū qiè）是開箱子的意思。

㈡世俗的小聰明，往往引來禍害而不自知。

田成子盜齊國

齊國四境有二千多里，它建立宗廟社稷和治理鄉村的法制，都是師法聖人的遺規。有一天，田成子盜了齊國的王位，也盜了聖人的法制來保護他的王位。結果齊國人都知道田成子是大盜，別國的人也知道田成子是大盜，但沒有人敢殺他。田成子利用聖人的法制，使他世世代代佔有齊國，一共傳了十二代。這樣看來，世俗所謂聖人的法制，是不是剛好也替大盜當保鑣呢？

【說明】

㈠毒藥能殺人，也能救人。聰明能保護自己，也能害自己。法制被善人利用，就保護

好人，法制被壞人利用，就保護壞人。莊子是提醒我們不要觀察得太淺。不要以為：聰明一定是好的，聖人一定是對的。

盜亦有道

盜跖是古代的大盜。

有一天，盜跖的手下問他說：「盜也有道嗎？」

盜跖說：「怎麼沒有？做大盜的人，能預先猜出房子裡的財物在哪裡，叫做聖。偷東西的時候，一馬當先，叫做勇。偷完以後，最後才出來，叫做義。判斷情況能不能下手，叫做智。把偷來的東西分得很公平，叫做仁。如果不能具備這五種道德，而想成為一個大盜，天下是沒有的。」

這樣看來，善人得不到聖人之道，便不能成其為善人。壞人得不到聖人之道，也不能成其為壞人。但天下畢竟善人少而壞人多，那麼聖人對於天下也就害多利少了。

【說明】

㈠莊子生活在亂世，強凌弱、眾暴寡，他看得太多了。所以才會感嘆那時世上壞人多，善人少。

㈡莊子假借盜跖的話，提醒世人：道德往往也會被壞人拿去做護身符。壞人如果不假借聖人的道德，可能還成不了大壞蛋——大盜。

㈢老子說：「聖人不死，大盜不止」，便是這個意思。想修大智慧的人，不可不知，不可不辨。

趙國的美酒

有一次，楚王大會天下諸侯，魯國和趙國都獻上酒。

魯國的酒味淡薄，趙國的酒味特別香醇，於是楚國管酒的酒吏就向趙國要酒，趙國不給。

楚國的酒吏生氣了，就暗中動了手腳，把魯國和趙國獻上的酒對調。

楚王回去以後，認為趙王故意獻上劣酒，就出兵圍住了趙的都城邯鄲。

【說明】美酒可以討好人，也可能惹禍。趙國的美酒，引起楚國酒吏的垂涎，這就叫「漫藏誨盜」。

諸侯大盜

河水乾了，溪谷就空虛了；丘陵倒了，深淵就填平了；聖人死了，大盜就沒有了。這樣天下也就太平了。

但是，世俗總是崇拜聖人，想藉聖人的力量來平治天下，結果卻給盜跖提供了最大的買賣。

世人製造多少的斗斛，大盜卻連斗斛都偷了。世人製造了多少的秤子，大盜卻連秤子都偷了。

世人製造多少的印章來做信用，大盜卻連印章都偷了。聖人製造多少的仁義來矯正罪惡，大盜卻連仁義都偷了。

你沒看見世上偷人家錢財的「小偷」，都被殺掉。偷人國家的「大盜」，卻被封為諸侯嗎？

大盜變成了諸侯，那大盜的家裡就連仁義、斗斛、秤子、印章，統統都有了。做大盜既然是這樣的大發利市，所以用高官厚祿的賞賜，也不能勸阻；用嚴刑峻罰的恐嚇，也不能禁止。這都是聖人的過失了。

所以，魚不能脫離深淵，國家的利器不可給人看見。聖人便是國家的利器，他是不可以讓人看見的。

【說明】

㈠莊子的自然主義不是「反智論」——反對智慧、反對知識。好好讀本篇故事，便可明白。

㈡魚不能沒有水，人不能沒有智慧。但魚要深藏水裡，不可躍出水面；人要隱藏智慧，不可耀其光芒。

㈢聖人要大巧若拙，諸侯門裡就不會有大盜的化身存在了。

智慧的陷阱

射鳥的弓箭，捕鳥的羅網，花樣多了，天空的鳥就只好亂飛了。釣魚的鉤子，捕魚的魚簍，花樣多了，水裡的魚就只有亂竄了。捕捉野獸的陷阱、翻車、網絡，花樣多了，森林沼澤的野獸也就只好亂跑了。人的智巧越多，欺詐、狡猾、詭辯、種種花樣都來了，人世也就只好大亂了。人類好用智巧，使得天下大亂，從三代以來就是這樣了。今天（戰國時代），世亂已經到了極點，這智慧的陷阱，難道世人還不願好好反省嗎？

【說明】

(一)從人文主義的立場來看，智慧使人類從野蠻走向文明，也使文明社會產生無量的罪惡，那麼智慧要如何使用，實在值得人類自省。

(二)莊子說：「絕竽瑟，塞師曠之耳。散五采，膠離朱之目。棄規矩，攦（音ㄌㄧˋ lì，

折斷）工倕之指。削曾史之行，鉗楊墨之口，天下之德始玄同矣！」這是說有智慧的人，智慧不可外露。有智慧的人，要超越智慧才行。

在宥第十一

黃帝問道廣成子

黃帝在位十九年，教化大行於天下。這時候，他聽說廣成子已得大道，住在空同山上，便親自上山向廣成子問道。

黃帝問說：「夫子已得大道，請問大道的精氣是什麼？我想用天地的精氣，幫助五穀成熟，以養活百姓。而且我想調和陰陽二氣，幫助百姓保養性情，使他們生活自在，無憂無慮！」

廣成子說：「你想知道大道的精氣，這是可以的。但你想利用這精氣助長萬物群生，那反而是摧殘他們了。你看自你治理天下以後，天上的雲氣還沒有聚集，就下雨了。地上的草木，還沒有枯黃就凋謝了。日月的光明，也漸漸地昏暗下來。難道你這樣做錯了，還不知道反省嗎？這像簡陋的心智，豈能了解大道的境界。」

黃帝聽了，心如死灰。立刻退位，拋了天下，自己到荒野蓋了一間單獨居住的房子，鋪上白茅來休息。這樣清清靜靜地住了三個月，才敢再去求見廣成子。

廣成子在空同山上，面向南方臥在地上休息。黃帝見了，一步一拜，向廣成子再度請問大道。

黃帝問：「我要怎樣修身，才能長久？」

廣成子坐了起來，答道：「這次你來，問得很好。我告訴你吧！大道一片渾沌，不明也不暗。你不要用眼睛去看，不要用耳朵去聽，不要用心去想。勞動形體，搖蕩心神，便不好了。形神抱元合一，無知無我，你就可以游於變化無窮的太虛曠野，這樣與自然合而為一，便可長久了。」

【說明】

用人的智力去改變人間世，在莊子看來，只是「揠苗助長」而已。所以，人類要多研究自然的道理，超越人的智力，順應自然之道，人世才會安寧。

自然的友伴

師法大自然智慧的至人，他的教化，像形體和影子，聲音和回聲的關係一樣。有問必有答，有感必有應。

因為，他的形體和自然合一。他停止的時候，沒有聲音；他行動的時候，沒有痕跡。所以他可以把迷亂的世人，帶回自然的大道。

認為有自我的形體的，是三代以下的君子。

認為沒有自我的形體的，才是自然的友伴。

【說明】

無私無我，才合乎自然之道。因為，人的形體只是自然變化中的一種形式而已。如果便執為己有，那是私心的作用了。

天地第十二

黃帝遺失玄珠

黃帝來到赤水之北，登上崑崙山上去遊玩。當他下山南望要回來的時候，忽然在路上遺失了玄珠。

黃帝叫「智慧」去找，找不到。叫離朱用眼睛去找，也找不到。又叫「聲聞」去找，也找不到。最後叫「無象」去找，才找到了。

黃帝說道：「奇妙啊！無象才能看到玄珠啊！」

【說明】

㈠黃帝登崑崙遊玩，是比喻他已得道，遊於大道之境。崑崙在北，北方稱做玄冥，所以黃帝得的道便叫做玄珠。

㈡黃帝離開崑崙而失去玄珠，是比喻他失去了道。

㈢道不能用心智、眼睛、耳朵去獲得。要無心無象才能獲得，所以最後用無象找回了玄珠。

㈣離朱是古代目力最好的人。

灌園的老人

子貢南遊楚國，在漢水南邊，看見一個老人正在種菜，子貢便好奇地停了下來。那個老人在井底開了一條地道，抱著水缸走到井底去裝水，然後再走上來灌溉菜園。子貢看了，說道：「老丈人，你這樣溉園太花力氣了。為什麼不使用機械呢？」

老人說：「用什麼機械？」

子貢說：「用一種叫做桔槔（ㄍㄠ gāo）的，就可以抽水灌溉了，方便得很。」

老人說：「我不是不知道使用機械。但是使用機械的人，必有機心。人有機心，心就搖蕩不定。心一搖蕩不定，就照不見大道了。」

子貢聽了，非常慚愧。回去之後，便問孔子說：「那種菜的老人，究竟是什麼樣的人呢？他的用心好像很奇怪呀！」

孔子說：「那是一種修渾沌之術的人，你我還不足以了解他們哩！」

【說明】

機械是人使用智巧發明的。使用機械，便是使用智巧。使用智巧，心就不得安寧了。老人是修道的人，所以不願使用機械，擾亂心神。

柵欄中的虎豹

一棵百年的老樹，被人砍了下來。把較好的部分拿來做祭祀的酒杯，上刻花紋，漆以文彩。那彎曲無用的部分，就拿去拋棄在山溝裡了。

樹木被用來做酒杯，或被拋棄在山溝裡，表面上好像有「好」和「壞」的差別，其實就傷害它自然的本性來說，是完全一樣的。

世俗的人，不明此理。用皮帽、長裙、大帶捆綁自己的外形。用種種的知識、聲音、顏色、味道來分隔他的內心，使他的心像柵欄一樣。如果說這樣捆綁心智和形體，叫做有用，而洋洋自得的話，那麼罪人被關在牢房裡，虎豹被關在柵欄裡，他們也都應該以牢房、柵欄來洋洋自得了。

【說明】

㈠百年老樹，生長在野外，任風吹雨打好呢？還是被人砍下來，做祭祀的酒杯好呢？

㈡人的形體和心智，像個老虎被拘困在動物園中那樣好呢？還是無拘無束好呢？

㈢天地廣大，人卻用小聰明把自己綁死了！那為什麼不用大智慧，解除心神的束縛，悠遊白雲之上，和天地精神相往來呢？

天道第十三

擊鼓追逃犯

孔子西行，想把他的著書藏在周室的圖書館。

子路對孔子說：「周室圖書館的館長叫老聃（ㄉㄢ dān）。他掌管藏書的經驗很豐富。現在他已辭職不做，回家隱居了。如果老師要把著作藏起來的話，何不藏在老聃家裡呢？」

孔子說：「好。」就去見老聃。

孔子見了老聃，便說明來意，希望老聃能答應。但是，老聃一口回絕了。

孔子還不死心，就把自己所寫的十二部經書向老聃解說，老聃只聽了一半，就說：「太嚕嗦。請簡要說明吧！」

孔子說：「這十二部經的要旨就是在說明仁義。」

老聃說：「請問仁義是人的本性嗎？」

孔子說：「是啊！人沒有仁義，還能成為人嗎？」

老聃說：「請問你所謂的仁義是什麼意思？」

孔子說：「我所謂的仁義，就是指的兼愛無私。」

老聃說：「你錯了。你看天地自有常軌，日月自有光明，星辰自有秩序，禽獸樹木自能生存。人呢，你怕天地不會愛護他嗎？像你這樣高倡仁義，要大家兼愛無私，就好比是看見犯人越獄，便擊鼓追逐想喚他回來。但是，結果呢？你的鼓聲敲得越響，犯人跑得越快，一不子就消失得無影無蹤了。」

【說明】

㈠有愛，就有所不愛。人為的愛，不管怎樣廣博，都是無法普及萬物的。所以老聃警告孔子說：你提倡的無私，仍然是偏私。

㈡莊子是自然主義者，所以要人超越仁義。孔子是人本主義者，所以要人遵守仁義。

把聖人當牛馬

士成綺去見老子。

他對老人說：「我聽說你是有大智慧的聖人，所以不辭千里來見你。但是，見到你以後，使我大失所望。我好像來到一個老鼠洞裡，看到滿地散棄的蔬菜，一點都不受愛惜。」老子聽了，表情漠然，沒有什麼反應。

士成綺走了以後，心裡越來越奇怪。他原以為把老子諷刺了一頓，回去就有勝利的優越感。但是他回去了，心中反而一片空虛。

第二天，士成綺又來見老子，問道：「我昨天把你罵了一頓，我以為是勝利了，但心情卻很空虛，請問這是什麼緣故？」

老子說：「什麼聖人不聖人，這種名號，我早就像破鞋子一樣把它扔掉了。我如果有獲得大道的實質，你叫我是牛、是馬、是老鼠，又有什麼關係？」

士成綺一聽，知道老子非同小可，便趕快閃在一邊，不敢再正視老子。然後他很謙虛

地問道：「我錯了！請問我要怎樣改變自己？」

老子說：「你昨天來的時候，神態高傲，眼神像要和人打架的樣子。這就像邊境上的野馬，突然被人捉到，便心氣浮動，完全失去了牠的本性。失去本性的人，就叫做自然的賊。你如果要修道的話，就請回復自然的本性吧！」

【說明】

㈠大智慧的人，不會露出他的智慧。

㈡士成綺見老子不露智慧，以為老子徒有虛名，便破口大罵。罵完以後，發覺不對，又再向老子請教。這可見士成綺雖然氣血浮動，迷失了本性，但至少他是坦率不欺。所以，老子認為他可以造就，便告訴他修道的法門。

做車輪的老人

桓公有一次在堂上讀書，輪扁（做車輪的木匠，名叫做扁）正在堂前做車輪。輪扁放下了椎子和鑿子，問桓公道：「請問你讀的是什麼書呢？」

桓公說：「我讀的是聖人的經典呀！」

輪扁說：「那作書的聖人還在嗎？」

桓公說：「早就死了！」

輪扁就嘆息道：「那你所讀的書，不過是古人的糟粕而已。」

桓公大怒道：「你說什麼？你講個道理給我聽聽。如果你胡說八道，我就把你處死！」

輪扁說：「暫請息怒，聽我說吧。我是做車輪的人，就請讓我用做車輪的事來比喻。做車輪的時候，刀子下得快，就省力氣，但是做的車輪不圓。刀子下得慢，就很費力氣，但車輪削得比較圓。做車輪最好的技術是：下刀的時候不快不慢，得心應手。但這不快不慢，得心應手的功夫，我卻不能傳給我的兒子。所以，我現在七十歲了，還在做車輪。這樣看來，古代聖人所得的大道不能傳下來，不是很明顯的嗎？那麼你所讀的書，不是古人的糟粕嗎？」

【說明】

㈠這故事非常精采，值得好好思考。

㈡工匠只能教你方圓規矩，不能把他身上的造詣傳給你。教拳劍的師父，只能把招式傳給你，不能把他的功夫傳給你。

㈢讀書的人，常以為書本上的文字很可貴，其實言外之意才可貴。會背書的人，不一定會讀書，便是這個道理。

㈣追求大道的人，如果以為形色聲名就是大道，那是最可悲的了。

天運第十四

虎狼也有愛

商太宰蕩問莊子：「什麼叫做仁？」

莊子說：「虎狼就有仁。」

太宰蕩說：「你這話怎麼講呢？」

莊子說：「虎狼父子相親相愛，這不就是有仁嗎？」

太宰蕩說：「那樣的仁太淺了。請問至仁到底是怎樣？」

莊子說：「至仁無親。」

太宰蕩說：「我聽說不親就不愛，不愛就不孝啊！如果照你這樣說，至仁就是不孝，是嗎？」

莊子說：「不是這樣的。至仁的境界很高，孝的境界達不到。好比冥山是在遙遠的北方，郢是在南方。如果你站在郢地望著北方，冥山是望不到的。所以，用愛心去行孝，很容易。使雙親順適而忘掉你的愛心，就難些。如果用自然的愛心，不親不疏，使天下的人都很舒適而忘掉人與人之間的愛，那就更難了。」

莊子又說：「用孝悌仁義，忠信貞廉，來使人相親相愛，這不是最高的境界。那就像湖水乾了，魚互相吐著口沫來相親相愛一樣。不如江湖水滿的時候，魚兒在水裡悠游自在，互不相干的好。所以，人要到達至仁的境界，就要超越世俗的孝悌仁義，以及忠信貞廉才行。」

莊子又說：「最尊貴的人，不要爵位；最富有的人，不要金錢；最快樂的人，不要名譽。這才是最高的道。」

【說明】

㈠這篇問答式的故事，層次分明，非常好。

㈡莊子解除世人的疑惑，從世俗的孝，談到較高層次的孝。從世俗的仁，談到最高層次的仁——不親不疏，這層境界，無所謂孝不孝，無所謂仁不仁，這是莊子要旨。

㈢魚不能沒有水。水對魚來說，也無所謂親，也無所謂仁。親而不親，仁而不仁，多想想這個比喻，便能明白莊子去仁去孝（去世俗之仁、世俗之孝）之道理。

東施效顰

孔子要從魯國到到衛國去。

顏淵問魯國的太師說：「你認為夫子的做法行嗎？」

太師說：「哎呀！我看老夫子的做法，恐怕行不通吧！」

顏淵說：「為什麼呢？」

太師說：「祭祀用過的芻狗（草紮的狗），就不能再用，用過之後，就拋在路邊，任人踐踏，或拿去當柴燒。如果有人把它揀回去，當做珍寶，放在枕邊，那人就要做惡夢了。現在夫子所談的一套，就好比是先王用過的芻狗啊！他拿這芻狗每天在人家面前搬演，哪裡行得通呢？所以，他從前到宋國，宋人討厭他，就把他講道休息過的大樹都砍掉了。他到陳蔡之間，人家討厭他，不給他飯吃，七天沒有生火燒飯。這些都是生死之間的危險啊！」

太師又說：「三皇五帝，時代不同，禮法也就不同。禮義法制要變通才行啊！西施是美女，她生病的時候，捧著心、蹙著眉，還是很好看。她鄰居的一個醜婦，看西施捧心蹙眉很美，也模仿她捧心蹙眉。人家見了，都跑得遠遠的，不想看她。夫子對人有愛心，但是可惜不知變通，恐怕要窮困一輩子了。」

【說明】

㈠這故事當然不完全是事實。孔子行道遇難，在宋、陳、蔡所發生的事，見於《史記》。但莊子說他不知變通，只是藉此提醒救世的人，要因應世變，不可一意孤行而已。

㈡社會的水準太低，迷惑的人太多，孔子便也不能行其道。莊子的理想更高，用來救世，也同樣困難重重的。

海鷗和烏鴉

孔子拜見老聃，討論仁義。

老聃說：「海鷗不是天天洗澡才白的，烏鴉不是天天染黑才黑的。黑白都出於自然的本質。所以你不能說：白的好看，黑的不好看。你用仁義去分辨善惡，在懂得大道的人看來，你所犯的錯誤，和這道理一樣。」

【說明】

老子的仁義，是超越世俗仁義的更高境界。參看本篇〈虎狼也有愛〉的解說。

鳥蟲的風化

孔子對老聃說：「我研究《詩》、《書》、《禮》、《樂》、《易》、《春秋》六經，自以為已經精通了。但是我拿這些道理去干謁七十二國的國君，沒有人要採用。難道這世上

真的是人心難測，真理難明嗎？」

老聃說：「腳跡，不是鞋子啊！你所說的六經，只是先王的腳跡，怎麼可以當做大道的根源呢？你這樣去追求大道，哪裡能得道呢？你看，有一種鳥叫做白鶂（ㄧˋ yì，同鷁），只要雌雄對著看一下，眼珠都不動，雌鳥就受孕了。還有一種蟲子，雄的在上風叫，雌的在下風應，雌的蟲子就受孕了。這種受孕叫做風化。所以，只要有道，怎麼做都行。如果沒有得道，怎麼做都是白費氣力，行不通的。」

孔子聽了，回去閉門三月，然後對老聃說：「嗳，我終於得道了。喜鵲、烏鴉孵卵而化生，魚用口沫化生，各有自然的道理。弟弟出生，哥哥往往失去父母的愛就哭了。我一直在世俗人群中跑，很久沒有和自然造化做朋友了。這樣子，我怎能感化人呢？」

老聃說：「是的，你得道了。」

【說明】

㈠文字不是大道。六經只是先王的陳跡，不是先王的精神。

㈡沒有得道，就不能傳道。因為你身上沒有那種「能」，怎會感化別人呢？

孔子看到龍

孔子見了老聃，回去三天，不說一句話。

他的弟子問道：「老師你去見老聃，拿什麼去教導他呢？」

孔子說：「我看到龍啦！龍順著陰陽，變化無窮。我張著嘴巴，話都說不出來，哪裡還談得上教導他呢！」

【說明】

孔子認為老聃已得自然之道，變化無方，所以沒有辦法插進一句話。面對一個得道的人，任何話都是多餘、不必要的。

天地日月

天是運動的嗎？地是靜止的嗎？日月是輪流照臨的嗎？是什麼主宰天地日月？是什麼

牽引天地日月？是不得不這樣的嗎？

雲是為了雨，還是雨是為了雲呢？

莊子說：一切都是自然。

【說明】

㈠自然的存在，就是不這樣就不能存在。

㈡自然無所謂主宰不主宰，一切都是自然。

刻意第十五

無江海而閒

刻意高尚自己的行為，表示和世俗不同；或發表空論，抨擊社會的黑暗，表示心中的不平，這只是憤世嫉俗的人的做法。提倡忠信仁義，恭儉推讓，以便修養自己，或教誨別人，這只是遊歷各地，或在固定地方講學的人的做法。

講大功、立大名，定君臣上下的禮節，以治平天下。這只是富國強兵，兼併土地的人

的做法。

在山林有水草的地方，釣魚閒散，為的是放下心裡的羈絆，這是避世討清閒的人的做法。

練習深呼吸、做導引，學熊掛在樹上，學鳥伸張頭腳，這只是磨練身體，想要長壽的人的做法。

但是這些做法，都是傷害精神的。

有道的人，不刻意而自然高尚，不依賴仁義而自然修身，不依賴功名而自然治天下，不依賴江海而自然悠閒，不依賴導引而自然長壽。

【說明】

㈠世俗所依賴的意志、仁義、功名、江海、導引，被認為是修身立業的津梁，但是對於明白大道的人來看，這些都是累贅，都是枷鎖。

㈡比如：心情苦悶了就想去看電影，或想聽音樂。精神不濟了，就想抽菸，或想喝咖啡，那麼電影、音樂、香菸、咖啡，不就成了一種「依賴」嗎？當這些依賴品都拿掉的時候，你能不再苦悶，你能精神豐沛嗎？

㈢精神像是干將、莫邪的寶劍一樣，不可妄用。世俗之人，任意損耗精神，所以精神不夠用。

繕性第十六

顛倒的人

為了外物而喪失了自己的生命。用世俗的學術，來恢復自然的本性。這就叫做顛倒的人。

【說明】

世俗的人，常常為了金錢、權力、名位而喪失了自己的生命，這在追求大道的人看來，

是不值得的。

不住山林的隱士

古代所謂的隱士，並不是說把他的身子藏在山林裡而不出來，就叫隱士。隱士是獲得大自然智慧的人，當他看見時機命運都不利的時候，便隱藏智慧，與自然合一，而無跡可尋。

【說明】

㈠明白大道的人，他的行為不會有心去違逆自然。

㈡許多隱士，名氣很大，這是世俗的隱士，不是大智慧的隱士。

㈢有些隱士，隱居山林之目的，是為了做官。像後世陶弘景做「山中宰相」；盧藏用走「終南捷徑」等等。這是世俗與大道的分別，是值得用法眼去分判的。（陶弘景的故事見《梁書》，盧藏用的故事見《唐書》）

秋水第十七

子非魚安知魚之樂？

莊子和惠子有一次在濠水的橋上遊玩。

莊子說：「浪裡的白鯈（魚名，小白魚）悠游自得，這就是魚的快樂啊！」

惠子說：「你又不是魚，怎麼知道魚是快樂的呢？」

莊子說：「你不是我，怎麼知道我不知道魚的快樂呢？」

惠子說：「我不是你，固然不知道你了，但你不是魚，你不會知道魚的快樂，這就可

以肯定了。」

莊子說：「不是這樣的。請回到我們原來的話題說起。當你說『你怎麼知道魚是快樂的呢？』這句話時，你便已知道我知道魚的快樂而問我。那麼現在我可以告訴你，我怎麼會知道魚的快樂呢？我是從濠水上知道的啊！」

【說明】

㈠這個辯論是一個很重要的啟示。這個啟示，不是辯論誰勝誰負的問題。

㈡惠子的辯論是採邏輯的方式，推理嚴密。

㈢莊子的辯論是以他從大自然獲得的智慧做基礎，加上他的修持功夫所產生的特殊能力，與萬物相感應，來回答惠子的問題。

㈣中國人一向缺乏知識論中的方法論，惠子是一特別的人物。

鴟鳥吃腐鼠

惠子做了梁惠王的宰相，莊子想去看看他。

有人對惠子說：「莊子外表上是來看你，實際上是想奪你的位子。」惠子心中非常不安。

莊子來了以來，見惠子很不安，便笑著說：「南方有一種鳥，叫鵷鶵（ㄩㄢ ㄔㄨˊ yuān chú），是鳳凰一類的鳥。你聽說過嗎？這鳥從南海飛到北海的時候，在這樣遙遠的路上，非梧桐不棲，非竹實不吃，非甘泉不飲。有一天，牠飛過一隻鴞（ㄒㄧㄠ xiāo）鳥的頭上，那隻鴞鳥正在吃腐爛的老鼠。鴞鳥惟恐鵷鶵搶去了牠的老鼠，便仰起頭來，『嚇』的大叫一聲。那麼現在你也想『嚇』我一聲嗎？」

【說明】

這是莊子編造的一篇故事，用來提醒許多世俗上貪戀名位的人。「名位」對於世俗雖有設置的必要，但對大智慧的人來說，名位像旅舍一樣，沒有什麼好留戀的。凡迷戀名位的人，他的心神形體便被名位所役使。

汙泥中的龜

莊子正在濮水上釣魚，有兩個楚王的使者來拜訪。

使者說：「我們的大王想把國事託付給你，先生願意下山嗎？」

莊子說：「我聽說你們楚國有一隻神龜，死了三千年了，牠的骨頭還是被人找到，放在宗廟裡做占卜用。我想請問你們：這隻龜寧願送了性命，留下骨頭讓人尊貴好呢？還是寧願活著在爛泥巴裡打滾好呢？」

使者說：「牠一定願意在爛泥巴裡打滾好啊！」

莊子說：「好吧！你們可以回去了。我也是願意拖著尾巴在爛泥中打滾的好。」

【說明】

性命是不能用世俗的尊貴來替換的。為了世俗的尊貴如職位、權力而喪生的，都是迷惑不醒的人。

井底之蛙

東海的一隻大甲魚（鱉），偶然爬過一口井邊。

井裡的一隻蛙看見了，連忙說：「稀客稀客，請來參觀吧！」

大甲魚說：「你在井裡過得舒服嗎？」

井蛙說：「我獨霸一口井的水，像是一個國王一樣，怎麼不舒服呢！你看，我一跳到井裡，水就來扶著我的兩腋，托著我的腮幫子。我一高興鑽入水底，泥巴就趕快來按摩我的腳。到了晚上，我不想待在水底了，我就一跳，跳到井邊的缺口上做一些奇怪的夢。然後天亮了我想散散步，又一跳就跳出井上，在欄杆的四周散步。我每天都這樣的快樂。可是我看到井裡的一些小螃蟹、小蝌蚪、小紅蟲，他們就沒有我快樂了。」

於是，大甲魚想到井底去看看。可是他的左腳剛剛踩進去，右腳就絆在外面動彈不得了。大甲魚只好退了出來。

大甲魚便對井蛙說：「你的井太小了，我進不去。我剛才是從東海上來的，讓我告訴你東海的快樂吧。東海又大又深，用一千里的長，不足以形容它的廣大。用八千尺的高，

不足以形容它的深。禹的時代，十年中有九年做水災，可是海水並沒有增加。湯的時代，八年中有七年遭旱災，可是海水並沒有減少。像這樣，不因時間的長短而有改變，不受雨水的多少而有增減，這就是大海的快樂。」

井蛙聽了，只好翻翻眼珠，連連倒退，一付茫然失措的樣子。

【說明】

井拘束了蛙。知識拘束了人。知識使你偉大，知識也使你渺小。所以要超越知識。

邯鄲學步

燕國的一個小孩，到趙國的都城邯鄲去學習邯鄲人的步法。

但是，這個小孩後來沒有學會邯鄲人的步法，反而把他自己原來走路的步法忘掉了。

因此，他只好爬著回家。

【說明】

讀書的人，原來為了追求大道，恢復自然的本性。但是久而久之，就迷失在書城裡面，走都走不出來。大道在哪裡？本性在哪裡？這不是邯鄲學步嗎！

管錐測天地

公孫龍問魏牟說：「我研究『堅白異同』的學說，沒有人敢和我辯論，我自以為是最通達的了。但是最近我聽了莊子的言論，使我茫然不知如何開口，請問這是什麼道理？難道是我不及他嗎？」

魏牟（ㄇㄡˊ móu）說：「算了吧！拿堅白異同的學說去和莊子辯論，不就和用管窺天，用錐測地一樣嗎？天地之大，哪裡是管子可以看得盡，繩子能夠測得完的呢？莊子一腳踩著青天，一腳踩著黃泉，四通八達，沒有掛礙，你哪裡能測度他呢？」

【說明】

用知識去測大道，就像用管錐測天地一樣。公孫龍有大疑惑，所以會有大進步。

聖人的勇氣

衛國的匡這個地方，有個太保叫做陽虎。剛巧孔子的相貌類似陽虎。所以，有一天，孔子周遊來到匡，匡人就把他包圍起來。但是，孔子和他的弟子繼續在重重圍困中講道。

子路問孔子說：「老師怎麼一點都不害怕呢？」

孔子說：「是的。仲由。我告訴你吧。在水中不怕蛟龍，是漁人的勇氣；在山中不怕猛虎，是獵人的勇氣；在戰場不怕刀劍，是烈士的勇氣；知道命運有窮通，面臨大難而不恐懼，這是聖人的勇氣。」

不久，有個領頭武士，進來對孔子說：「對不起，我們誤會以為你是陽虎。」說完，就解圍去了。

【說明】

時運有窮、有通。窮時要以智慧觀察，靜以待變。

風和蛇

夔是一種獨腳獸，蚿（ㄒㄧㄢˊ xián）是一種百足蟲。

夔羡慕蚿，蚿羡慕蛇，蛇羡慕風，風羡慕眼睛，眼睛羡慕心。

夔對蚿說：「我用一隻腳走路，再方便不過了。請問你用那麼多的腳，怎麼個走法呢？」

蚿說：「我順著自然的安排來走路，一點也不費心呀！」

蚿對蛇說：「我用好多腳走路，還不如你沒有腳走得快，為什麼呢？」

蛇說：「我是順著自然的天機來運動的，哪裡需要用得著腳呢！」

蛇對風說：「我用我的脊梁和腰部來行走，好像是有個形體可以操縱，你連形體都沒有，一下子呼呼地跑到北海，一下子呼呼地又跑到南海，你怎麼跑得這麼快呢？」

風說：「是呀！我是走得很快。可是人家用手指卻也能勝過我，用腳踢也能勝過我。而我卻能拔大樹、倒大屋。這就是我。」

【說明】

自然的用處，各有其妙用，而無大小之分。

河伯和海神的對話

一　黃河和北海

秋天的雨水到來了，大小百川的河流都注入黃河裡。因此，黃河水面遼闊，兩岸的景物和水中的沙洲都蒼茫消失了。

這時河神洋洋自得，以為天下的水就是他擁有的最大。但是河伯順流而東，來到北海，向四面一望，不見邊際。他這才轉過頭來對海神說：「嗳，我真是少見多怪啊！我如果不到這裡來，就會被懂得大道的人笑死哩！」

海神說：「井底的蛙，不可以和他談大海；夏天的蟲子，不可以和他談冬天的冰雪。小儒不可以和他談大道。你現在看了大海，知道自己的淺陋，總算可以和你談談大道了！」「天下的水，海是最大的。可是拿大海來和天地相比，我就像泰山上的一顆小石子一樣，我就不敢說是最大的了。中國在九州，就像太倉中的一粒米，人在萬物中，就像馬身子上的一根毛。所以這樣看來，五帝所繼承的，三代所爭奪的，仁人所憂患的，能士所勞累的，都不過是一粒米、一根毛、一顆小石子而已。」

【說明】

莊子用黃河、北海和天地的對比，顯示宇宙的遼闊，開拓人類的心胸，使你遊於無窮的世界。這就叫「啟蒙」。

二 天地和羽毛

河伯問海神說：「如果我認為天地是大的，毫毛是小的，可以嗎？」

海神說：「不可以。萬物，要拿來量的話，是無限量的。時間，要拿來量的話，是沒有長短的。宇宙沒有開始，也沒有終點，變化不測。所以大智慧的人，不以遠為遠，不以

近為近，不以大為多，不以小為少。天地不大，毫毛也不小。」

【說明】

萬物時空是無窮的。它的性質，不可以用人為的大小、長短等觀念去測量。

三　大小和極限

河伯問海神說：「最小的東西是沒有形體的；最大的東西是沒有外圍的，可以這樣講嗎？」

海神說：「不可以。所謂最大、最小，都是指有形跡可尋的而言。沒有形跡的東西，哪能用數量去分別呢？哪能用言語去表達呢？所以，數量不能測、言語不能說的，那就無所謂大小、精粗了！」

【說明】

大道不能用數量、言語來測量。

四　大道和貴賤

河伯問海神說：「萬物有貴賤的差別嗎？」

海神說：「從自然的大道來看，萬物無貴賤。從萬物自身來看，萬物都自以為貴，互相輕賤。從世俗來看，貴賤都是別人加在你身上的，你並不能自主選擇。」

【說明】

莊子說：「以道觀之，物無貴賤。以物觀之，物皆自貴而相賤。以俗觀之，貴賤不由己。」這話可以有很多啟發。世上的人是不是自貴而相賤？世上所謂富貴的貴，是不是別人加在你身上的？

五　謝施

河伯問海神說：「萬物既無貴賤，那麼我要做什麼呢？我不要做什麼呢？」

海神說：「從大道看來，沒有貴賤，所以不要有我的心志，只是隨著自然來反映，這叫做謝施（ㄊㄨㄛˊ tuó）——自然的代謝轉移。」

六　不怕水火

河伯問海神說：「那麼學道有什麼可貴的呢？」

海神說：「明白大道，就懂得隨時隨機應變，沒有危險。大火燒山，金石熔化，或大水溺天，也不會死。這只有得到道的人才能這樣。」

七　不要穿牛鼻

河伯問海神說：「什麼叫自然？什麼叫人為？」

海神說：「牛馬各有四隻腳，這叫自然。把牛鼻穿上韁繩，把馬頭套上轡銜，這叫做人為。」

【說明】

㈠莊子把人為的知識、道德、法制都看做「穿牛鼻、絡馬首」。

㈡要注意他說話的「層次」。佛家有人畫「十牛圖」，第一圖是野牛，第二圖是穿鼻的牛拴在樹下……到第十圖解脫韁繩，這隻牛便是「有道的牛」而不是「野牛」，也不是

「穿鼻的牛」了。

㈢世人看了莊子，便笑孔子。或看了孔子，便痛罵莊子。這都是不明「層次」的緣故。上述兩種態度都有害，望大家特別留意，以免自誤誤人。

至樂第十八

莊子鼓盆

莊子的妻子死了。惠子前往問候，見莊子正蹲在地上敲著瓦盆（是一種樂器，參見《史記．廉頗藺相如傳》，秦王敲瓦缶的故事。瓦缶就是瓦盆。缶，音ㄈㄡˇ fǒu）唱歌。

惠子說：「你的妻子和你生活在一起，為你生養照顧子女。現在她年老去世了，你最多不哭也就是了，怎麼還敲著瓦盆唱歌，不嫌太過分了嗎？」

莊子說：「不是的，你慢慢聽我講吧。我的妻子剛死的時候，我又哪能完全沒有感觸

呢？但我後來想一想：人本來是沒有生命的。不但沒有生命，連形體都沒有。不但沒有形體，連氣都沒有。在若有若無之間的自然變化中，忽然有了氣，氣變化而有形體，形體變化而有了生命。現在我的妻子變化去世，就像春夏秋冬一樣的自然。她已安息在大自然的臥室裡，如果我還大哭大鬧，那我就不通達自然的命理了。所以我不哭。」

【說明】

㈠形體的變化，是出於自然的變化。不要被這變化所驚駭，不要被這變化所苦惱。

㈡在現實的層次上，莊子的妻子死了，他多少還是有點痛苦的。所以他要敲瓦盆排遣。我們不妨先這樣想。

㈢在高層次的人來看，莊子鼓盆，只是順應情感的變化而已。這時的哀樂並不打動他的心。

㈣形式不重要，內在的心境的變化，才是重要的。鼓盆怎樣？不鼓盆又怎樣？

柳生左肘

支離叔和滑介叔一起到崑崙山，那裡是黃帝得道休息的地方，去觀看自然的變化。忽然之間，滑介叔左肘上長出了一個柳（瘤）。支離叔看了，就問說：「怎麼樣，你心裡不安，討厭它嗎？」

滑介叔說：「我怎麼會討厭它呢？生命形體只是大自然偶然的聚合而已。一個柳（瘤），就像一粒灰塵落在我身上一樣。況且，我和你來崑崙山，是想觀看大自然變化的，現在變化偶然降臨到我身上，我又怎會動心呢！」

【說明】

㈠柳生左肘，柳是「瘤」的假借字。後代文人常用這個典故。所以我在此保留原文。

㈡疾病也是形體的自然變化，不要因此打動、累贅自己的心。「滑介」便是忘去心智的意思。

㈢有病就治病，但不必掛礙、煩惱。

莊子夢見骷髏

莊子到楚國去。在半路上看見一具骷髏仰臥在那裡。他就拿起馬鞭子敲了敲骷髏。

莊子問道：「先生，你是貪心而死的嗎？你是亡國的時候，被刀劍砍死的嗎？你是做了壞事，連累父母而自殺的嗎？你是凍死、餓死的嗎？或是你的春秋已盡，自然地躺在這裡的呢？」

四面一片山風，骷髏沒有回答。

莊子見天色已經暗下來了，就拿起那具骷髏當做枕頭躺在地上睡著了。

半夜裡，莊子夢見骷髏對他說：「聽你白天所講的話，你好像是一個辯士。你所說的那些，都是生人的累贅，死後就沒有這些了。你想聽聽死人的話嗎？」

莊子說：「好哇，你說來讓我聽聽吧。」

骷髏說：「死後，沒有君、沒有臣，也沒有春夏秋冬。舒舒服服地和天地在一起，天地的春秋（年歲）便是我的春秋（年歲）。這種快樂，南面王也不能相比。」

莊子說：「我不相信死後有那麼舒服。我想去叫司命之神，讓你復活。還你父母妻

子。把你送回你的家鄉。你要不要？」

骷髏聽了，深鎖著眉頭，大叫一聲道：「我不要。」說著，一溜煙地跑掉了。

【說明】

莊子藉這故事，提醒那些貪生怕死的人，死是自然的大限。死後到底怎樣？要用自然之理去想想。

海鳥不愛音樂

有一隻碩大的海鳥，叫做爰居。爰居頭高八尺，羽毛燦麗，像是一隻大鳳凰。

魯國的國王聽說爰居飛到他的都城郊外，立刻派人把牠接到太廟來。

於是，魯君為歡迎牠，就大奏〈九韶〉（樂章），大宰牛羊豬，並開了幾缸美酒請牠。

爰居卻站在梁上一動也不動。

過了三天，爰居被〈九韶〉樂弄得昏頭轉向。牠不吃也不喝。然後，碰的一聲，從梁上掉在地面，死掉了。

莊子說：「魯君的養鳥法，叫做以己養鳥，而不是以鳥養鳥，所以把鳥弄死了。」

【說明】

㈠人認為最好聽的音樂，並不是「絕對」最好聽的。人認為最好吃的食物，並不是「絕對」最好吃的。莊子用爰居之死，來提醒我們：感官的享樂，不過是自我麻醉而已。

㈡「以鳥養鳥」而不要「以己養鳥」這話很重要。粗淺的來說：喜歡喝酒的人，便常強迫人家喝酒。喜歡吃辣的人，便常勸人吃辣。請你好好想想看，這樣做可以嗎？「己之所欲，施之於人」，這往往是行不通的。

人不生不滅

列子在山路行走，看見草地裡有一個骷髏。

列子撥開草叢，用手指著他說：「朋友！只有你和我知道你沒有生、也沒有死過。你現在是痛苦的嗎？我現在是快樂的嗎？」

【說明】

㈠忘去生死，才能談快樂。

㈡最大的快樂是不苦不樂，忘去快樂。

達生第十九

黏蟬的老人

孔子到楚國去，穿過一片樹林，只見一個駝背老人在捉蟬。他手上拿的是很長的竹竿，但捉起蟬來，毫不費力，就像用手拿東西一樣。

孔子問說：「你怎麼這樣會捉蟬？這是技巧，還是道術呢？」

老人說：「這是道術啊！我最初練習捉蟬的時候，先在竹竿上疊兩個彈丸，等到兩個彈丸都不會掉下來了，我再去捉蟬，那失手的機會只有十分之二三而已。後來我又疊三個

彈丸，等到三顆彈丸都不會掉下來的時候，我再去捉蟬，失手的機會就只有十之一二而已了。最後我能疊到五顆彈丸而不會掉下來，這時候，我去捉蟬，就像用手拿東西那樣容易了。」

老人又說：「你看我捉蟬的時候，身體像樹木一樣的動也不動，我的手拿著長竿，也像枯枝一樣動也不動。這時，雖以天地之廣，萬物之多，我卻只知道天下有蟬翼而已。沒有任何東西足以取代我心目中的蟬翼，所以捉蟬哪會捉不到呢？」

孔子聽了，對弟子說：「你們注意啊！心意不雜，就可以通神了。」

【說明】

由技巧入道，心意要不為外物所分散才行。久而久之，萬象入心，也無動於心了。

操舟如神

顏淵有一次坐船渡過深潭，見划船的人操舟如神，便問說：「操舟的技術可以學習嗎？」

那船夫說：「可以呀！要是善於游泳的人，很快就學會了。要是善於潛水的人，那他就是沒有見過船，也能划得很快。」

顏淵問說：「為什麼呢？」船夫不答。

顏淵回去以後便問孔子。

孔子說：「會游泳的人，他很快就忘了水的危險。會潛水的人，把深淵看做山丘一樣。船翻了，對他來說，好像是車子倒退而已。所以水中任何危險，他都不放在心上。你碰到的船夫操舟如神，便是這個緣故。」

【說明】

心有牽掛，便失其靈巧了。

黃金做賭注

孔子說：「用瓦片做賭注，射箭的人，心中沒牽掛，就射得很巧妙。用帶鉤做賭注，射箭的人，心中就會恐懼，技巧就差了。用黃金做賭注，射箭的人，心中負擔沉重，就完

全失去技巧了。」

一個人射箭的技術，所以會有這樣大的差異，就是他的心被外物連累所致。

牧羊人

田開之說：「會養生的人，就像善於牧羊的人一樣，看見落後的羊便趕牠一下。」

周威公問說：「這是什麼意思？」

田開之說：「魯國有個人叫做單豹（ㄕㄢˋ ㄅㄠˋ shàn bào），住在山裡，生活清靜，不與人爭利。他活到九十歲，臉色還像嬰兒一樣。不幸遇到了餓虎，把他吃掉了。另外有個叫做張毅的，大街小巷，高門蓬戶，他都去串門子。到了四十歲的時候，他就得到熱病死了。單豹修養內心，忘了他的形體。張毅保養他的形體，忘了疾病侵襲他的內心，這都不是養生的中道。所以養生要像牧羊人那樣，不可失其中道。」

【說明】

中道在人文主義上很要緊。但對自然主義者來說，中道亦不可執著。因為有「邊」才

有「中」。而自然之理是變化的，既無邊際，便無固定之中點。儒家講中道，莊子講變，其理在此。

祭盤上的犧牲

祝史是主持宗廟祭祀的人。

有一天，祝史穿上禮服走到豬圈外面，對著豬說道：「你們何必怕死呢？我用上好的飼料餵你們。然後我三天齋、十天戒，最後把你們放上神聖的祭盤。這樣你們還認為不夠光彩嗎？」

過了一會兒，祝史又倒過來替豬想想，說道：「到底還是不如吃糟糠，活在豬圈的好啊！」

人，既然會替豬打算，為什麼偏又為了世俗的尊榮，去做祭盤上的犧牲品呢？

那麼，這樣看來，人和豬究竟有什麼不同呢？

桓公打獵遇鬼

桓公在山澤打獵，管仲替他駕車。忽然之間，桓公看見一個鬼。

桓公問管仲說：「仲父剛剛看見什麼東西嗎？」

管仲說：「沒有啊！」

桓公回去以後，心中受了恐懼，就生病了。三個月沒有出門。

有一天，皇子告敖對桓公說：「你的病，是自己傷害自己的。鬼哪能傷害你呢？」

桓公問說：「那到底有沒有鬼？」

皇子告敖說：「有啊。泥溝中有履，灶下有髻，門內汙穢的地方有雷霆。東北方牆腳下有倍阿鮭蠪（ㄌㄨㄥˊ lóng），西北方的牆腳下有泆陽（ㄧˋ ㄧㄤˊ yì yáng），水裡有罔象，山丘有峷（ㄒㄧㄣ xīn），大山有夔，荒野有彷徨，湖沿有委蛇（ㄨㄟˇ ㄊㄨㄛˊ wěi tuó），這些都是鬼啊！」

桓公說：「請問委蛇的形狀怎樣？」

皇子告敖說：「委蛇大如車轂，長像車轅，紫衣紅帽。牠討厭雷聲和車聲。如果聽見

了雷聲或車聲，牠就縮頭站住不動。看到牠的人將會成為霸王。」

桓公聽了，用手指著笑說：「我看到的就是牠！我看到的就是牠！」說完，坐了起來，自己把衣冠整理好，和皇子坐了一會兒，不知不覺之間，病就好了。

【說明】

㈠有許多疾病是由自傷，只要找出他的原因，疾病就不藥而癒。皇子（複姓）告敖知道桓公患的是心病，所以故意說說委蛇的形狀，又說見了委蛇會稱霸，以寬桓公心事，這便是對症下藥了。

㈡委蛇讀做ㄨㄟ ㄊㄨㄛˊ或ㄨㄟ ㄧˊ wēi yí。「它」、「以」、「已」古字相通。

紀渻子養鬥雞

紀渻（ㄒㄧㄥˇ xǐng）子替周宣王養鬥雞。

十天後，宣王問道：「雞養好沒有？可以打架了嗎？」

紀渻子說：「還不能。那隻雞意氣很盛，鬥志高昂。」

過了十天，宣王又問。紀渻子說：「還不能。那隻雞只要看見別的雞的影子，聽見別的雞的聲音，便會衝動起來。」

過了十天，宣王又問。紀渻子說：「還不能。那隻雞常對四周怒目而視，牠的氣勢自命不凡。」

過了十天，宣王又問。紀渻子說：「差不多可以了。那隻雞雖然聽見別的雞叫，已經沒有反應。看起來就像一隻木雞。牠的心，已不受外物所動。」

於是宣王便用那隻雞去鬥雞，別的雞看見牠一動也不動，都嚇得連連倒退。沒有一隻雞敢向牠挑戰了。」

【說明】

㈠無心爭鬥的雞，便全身無懈可擊。牠的勁氣內斂，一觸即發。

㈡不動心的人，便不被外物所累。大劍客不帶劍，隨時禦敵。

瀑布下游泳的人

有一次，孔子來到龍門瀑布，見瀑布高懸二萬四千尺，浪花直衝四十里，不覺看得出神了。

忽然之間，他發現急流中有個人游上游下。孔子大驚，以為那人要尋短見，便叫弟子準備搭救。

一會兒，那人已游到百步之外，披髮唱歌，來到岸下。孔子便走上前去問道：「游水不怕急流，這也有道嗎？」

那人說：「我也沒有什麼道。只是我在水中習而成性，出入波濤，自由自在，如此而已。」

【說明】

㈠用大瀑布比喻造化之力量，很可觀。

㈡李白形容廬山大瀑布說：「飛流直下三千尺，疑是銀河落九天」，真是氣勢非凡。

人如果不明白自然造化之偉大，而妄想以人力去抗衡，那就像不會游泳的人在龍門、廬山瀑布下游水一樣，非淹死不可。

梓慶做鐘架

梓慶做了一個鐘架，完全沒有斧鑿的痕跡。魯侯便問說：「你這是什麼技術啊？已到化境了嗎？」

梓慶說：「我只是一個木工而已。就以木工的技術來說說吧！我開始要做鐘架的時候，先保全元氣。首先齋戒三天，不敢存有受賞賜的念頭。再齋戒三天，不敢有巧拙的念頭。再齋戒七天，忘了我自己的形體。然後我才走入山林，觀察有沒有天然的鐘架，如果形質不合用，我就不動手施工。我做的鐘架所以合於自然，不見斧痕，大概就是這緣故吧！」

【說明】

梓慶順理以合自然，所做鐘架便如同天生而成，沒有人工的痕跡。

東野稷盤馬

東野稷善於駕御馬車。他駕車的軌跡，就像用工具編織的花紋那樣美妙。

有一次，他駕了莊公的馬車，在廣場上盤馬數百圈。顏闔看了以後，去對莊公說：「東野稷的馬就要出事了。」

莊公聽了，默然不答。過了一會兒，果然有人報告說東野稷盤馬倒在地上。

莊公便問顏闔說：「你怎麼知道東野稷會出事呢？」

顏闔說：「馬的精力是有限的。我看他拚命訓練馬的耐力，已經過了限度，所以知道那馬必倒無疑。」

工倕的手指

工倕（ㄔㄨㄟˊ chuí）的手指和工具合而為一，不必用心去做，就能畫出方圓。

所以，忘了腳的人，鞋子對他自然很舒適；忘了腰的人，束帶自然對他很舒適；忘了

是非的人，他的心自然很舒適；忘了舒適的人，那是真舒適了。

【說明】

㈠心不要強求專一，不要強求與外物契合，才是合乎自然之道。故意使心如槁木死灰，那還是不對的。讀者朋友，請多想想。

㈡莊子用工倕的手指來比喻，很好。一般的工匠，有心畫一個方圓，所以不是最好的工匠，他的手永遠停在「技術」的層次。工倕便是超越這層次的人了。

酒醉墜車的人

喝醉了酒的人，從車子上墜下來，雖然摔得很重，但也不會死。

醉酒的人，骨頭結構和別人一樣，為什麼摔不死呢？因為他那時候，已不知道自己是在坐車，也不知道自己正從車子上摔下來，生死驚懼，不能進入他的心中，所以他不會摔死。

【說明】

這故事是一個比喻，千萬不可拿來嘗試。醉酒的人，莊子拿來比喻忘我的人。忘我的人，能得到自然的保護。

山木第二十

浮遊於道德

莊子走在山路上，看見幾棵巨大的樹，枝葉茂盛。可是伐木的木匠卻站在一邊，沒有人去砍伐。

莊子問說：「為什麼你們不動手去砍伐呢？」

工匠說：「這些樹，木質不好，沒有什麼用處。」

莊子聽了，便對弟子說：「這些樹就是因為沒有用，所以才長得這樣高大啊！」

莊子下了山以後，到一個朋友家去。他的朋友很高興，便叫僕人殺鵝請客。

僕人問說：「我們家的鵝，一隻會叫、一隻不會叫，殺哪一隻才好呢？」

主人說：「殺那隻不會叫的好了。」

第二天莊子的學生問說：「昨天那山中的巨樹，因為無用而終其天年。而今這隻鵝卻因為無用而被殺了。請問老師，做人到底要怎樣自處？」

莊子笑說：「我將處於無用和有用之間啊！不過，在實際上，處於有用和無用之間，還是要受累贅的。所以，只有順應變化，無所謂有用，無所謂無用，乘道德（自然之道）而浮遊，才能免於困頓哩！」

【說明】

㈠人世的道德，都是相對的。所謂有用和無用也就是相對的，所以，大智慧者要超越相對的道德。

㈡道家的道德和世俗的道德不同，原因在此。

北宮奢鑄鐘

北宮奢替衛靈公募款鑄造大鐘。

他先在城門外，立了一座祭壇。三月之後，懸鐘的架子完成了，王子慶望見了便問說：「你用什麼方法募款，使工程做得這麼快呢！」

北宮奢說：「我只是一心一意在鑄鐘，不敢再有其他的念頭。我現在是把自己變成好像無知無識，返樸歸真那樣。人家來了，願意捐錢的，我不禁止他；不願捐錢的，我也不留下他。隨他自便。所以，雖說是在募款，但是人民毫毛不損。」

【說明】

人沒有私心，便能感動人，做事所以順利。如有私心，被人看穿了，人家反而相應不理。

甘井先竭

孔子周遊列國，被圍於陳、蔡之間，七天沒有炊飯。

大公任前往問候道：「你這次幾乎遇害了嗎？」

孔子說：「是的。」

大公又問道：「你討厭死嗎？」

孔子說：「是的。」

大公說：「我以前不是對你說過免害的道理嗎？東海有一隻鳥，叫做意怠。這隻鳥，看來好像沒有什麼本事。當飛行的時候，牠要人家帶領。棲息的時候，牠要雜在眾鳥群中。吃東西的時候，不敢搶先，所以外人始終不能侵害他。直的樹木，先遭砍伐；甘的泉水，先被汲乾，這是很明白的道理。現在你的行為卻好比是拿著智慧的光華，去照亮別人的汙穢，來顯示你的清白，這樣做，人家當然不容你了。」

孔子聽了，大為覺悟。就辭別了朋友，離開了弟子，獨自到山林裡修道去了。

【說明】

㈠智慧不要外露。否則人家不是怕你，便是妬忌你，要做事，往往就成了阻礙。

㈡大公是官名，或是複姓，不能確定。

林回棄璧

假國滅亡的時候，林回拋棄了家藏的連城璧，帶著小孩逃亡了。

【說明】

㈠以利害相結合的，必以利害而分散。

㈡亂世懷著連城璧，只有越增危險了。

㈢這個「極短篇」，言簡意深。

莊子在荊棘中

莊子穿著布衣草鞋，去見魏王。

魏王說：「先生怎麼這樣困苦的裝束啊！」

莊子說：「這是貧窮而不困苦啊！衣服破了，鞋子壞了，這是貧窮。有大智慧而不能化行天下，這才是困苦啊。你看猿猴在楠梓樹上，盤旋跳躍，惟我獨尊，后羿對他也沒有什麼辦法。但是在荊棘叢下，猿猴便小心翼翼，不敢亂跑亂跳了。我現在就是處在荊棘叢中啊！」

【說明】

㈠命有窮通。莊子逢亂世，便以貧窮自守。所謂見魏王，也不過是「假處自說而已」（錢穆語），豈有當面刺為昏君亂相之理。

㈡大智慧者，往往困頓終生，這是人世的悲哀。蘇格拉底吃毒藥，耶穌上十字架，想想他們的心事。

燕子結巢梁上

孔子說：「燕子是一種有智慧的鳥啊！牠眼睛看到不應該去的地方，就不去。牠銜著的果實掉在地上，便放棄飛走了。牠本來是怕人的，卻結巢在人間，始終沒有人去害牠。這便是處世的大智慧。」

【說明】

鳥都怕人，所以巢居深山、高樹以免害。燕子是特別的，牠就住在人家的屋梁上。想想看，牠有什麼避害的道理呢？牠太瘦了就沒有人吃牠嗎？

螳螂捕蟬

莊子有一次到雕陵的栗園去遊玩。

忽然，從南方飛來一隻奇異的鵲。那隻鵲翅膀有七尺長，眼睛很大。牠碰了一下莊子

的頭，才停在栗樹上。

莊子覺得很奇怪，就想說：「這是什麼鳥呢？怎麼翅膀這麼大，卻飛得不遠。眼睛這麼大，卻又碰到我的頭。」於是提起衣裳，拿著彈弓，慢慢走過去。

這時候，莊子看見一隻蟬，正在樹葉的遮蔽下而忘了自己。旁邊有一隻螳螂剛剛舉起了臂膀要捉牠。螳螂正聚精會神的時候，也忘了自己的形體已暴露出來。那隻怪鵲便趁機想吃螳螂。

莊子看到這裡的時候，忽然覺悟道：「不好了，人都見利而忘害。」於是，拋了彈弓，回頭便跑。管栗園的人，見有人在跑，以為是偷栗子的，便追在後面大罵。

莊子回去以後，三日不出門，心裡一直不愉快。藺且（ㄌㄧㄣˋ ㄐㄩ lìn jū）問道：「老師為什麼這幾天不大高興呢？」

莊子說：「我在栗子園守候一隻怪鳥，忘了我的身體的危險，結果被人家誤以為我是偷栗子的，真是受氣。」

【說明】

追逐外物，往往迷失本性。迷而不返，就危險了。

美妾不可愛了

楊朱到宋國去。有一天住在旅館。旅館的主人有兩個妾，一個美貌，一個不好看。主人卻很喜愛那個不好看的妾。楊朱問說：「真奇怪，你怎麼會不喜歡那個美貌的妾呢？」那主人說：「長得美麗的那個妾，自己以為很美，所以使人覺得不美了。那個長得不好看的妾，自己以為不好看，所以使我忘了她不好看。」楊朱聽了，便對弟子說：「小子們，注意啊。存心自誇，就不可愛了。去掉自誇的心，到哪裡不受人家喜愛呢！」

【說明】

㈠自以為美的小妾，有浮誇之心，去大道越遠。所以莊子拿來做為「不可愛」的比喻。
㈡自以為不美的小妾，有謙虛之心，去大道較近。所以莊子拿來做為「可愛」的比喻。
㈢自以為美或自以為不美、其實都不重要。重要的是他的心的變化如何。

田子方第二十一

寬衣解帶的畫師

宋元君想要畫一幅圖畫，便請來了許多畫師。

畫師們拜見宋元君以後，個個興致沖沖，有的趕緊用嘴舐（ㄕˋ shì）著畫筆，有的就趕緊調和顏色。還有一大批人在門外等著。

過了一會兒，有個畫師慢慢地走來，神態十分悠閒。他前來拜見宋元君以後，並不站在那裡，就直接到畫室去了。

宋元君派人去看他，只見他已寬衣解帶，裸體坐在地上。元君一聽，便說：「好極了！這才是我要尋找的畫師。」

伯昏無人的箭術

列御寇表演箭術給伯昏無人看。

他把弓箭拉滿，左手平伸，手肘上放一杯水，右手連續發箭，動作之快速，無以復加。當第一枝箭剛發出去，第二枝箭就已搭在弦上。當第二枝箭剛發出去，第三枝箭又已搭在弦上。列御寇射箭時，整個人的動作，就像一個木偶人一樣，左手肘上的水，一滴也不會潑出來。

伯昏無人看了，笑著說：「你這種箭術，只能算是『有心射箭』的箭術，而不是『無心射箭』的箭術哩！來，我帶你到高山上，站在山邊的岩石上，背向萬丈深淵，看你還能鎮定射箭嗎？」

於是，伯昏無人帶著列御寇爬上高山，站在危岩上，背向萬丈深淵，腳後跟二分懸空在外，叫列御寇來射箭。列御寇嚇得伏在地上，汗從頭上一直流到腳跟。

伯昏無人這才說道：「真正得道的人，一腳踩著青天，一腳踩著黃泉，縱橫八極，神氣不變。你現在不過是爬上高山，就嚇成這樣子，你的心距離大道還差得遠哩！」

【說明】

㈠有心射箭，只是「技術巧妙」。「無心射箭」才是道術的巧妙。

㈡伯昏無人帶列御寇站在危崖上射箭，就是要他忘我、忘箭，渾然與大道為一，才能達到最上乘的箭術。

百里奚養牛

百里奚不把「卑賤」放在心上，所以他養牛的時候，就把牛養得很肥，秦穆公認為百里奚能夠忘去卑賤，所以就把政事交給他，封他為「五羖（ㄍㄨˇ gǔ）大夫」。

百里奚做了五羖大夫以後，也沒有把爵祿放在心上，所以把政事辦得很好。

【說明】

(一)養牛像「請客」一樣，牛還能不肥嗎？

(二)做官不求爵祿、不要錢、不要功，政事還會辦不好嗎？

舜修倉通井

舜還沒有做帝王的時候，常在家裡做工。

他的爸爸叫他去修穀倉，他就爬上去修穀倉。他的父親叫他去通阻塞的井，他就下井去修理疏通。

舜去做這些工作的時候，他的弟弟一心一意想害死他。他不是不知道，但他全不把生命放在心上。

舜修穀倉的時候，他弟弟放火燒他。舜通井的時候，他弟弟填井想活埋他，但他卻沒有死。

於是，舜感動了他的弟弟，也感動了堯。後來，堯把帝位讓給他。

【說明】

㈠莊子把舜的歷史故事，提升為哲學故事。

㈡舜無私、無我，所以能夠動人。辦理政治才能感化人。

臧丈人釣魚

周文王到渭水附近去散步。

他看見一個臧（ㄗㄤ zāng）丈人在釣魚，他就站在一邊看。那個釣魚的人很奇怪，一副不像釣魚的樣子。因為他揚起的釣竿沒有魚鉤，他也不裝魚餌。他釣魚是別有所釣。文王也看出來了，這是最高明的釣魚。

文王想了一想，決心要把臧丈人請回去，把國政交給他辦理。但是，大臣們會不會答應呢？

第二天，文王召集大臣，對他們說道：「昨天晚上我夢見一個人。他的臉黑色而多髯，騎在一匹雜色的馬上，馬的腳有一隻是紅色的蹄子。那人對我說：『把政事交給臧丈人吧，百姓便幸福了。』我醒來以後，覺得很奇怪，你們說怎麼辦？」

大臣說：「哎呀，大王夢見的不是先王季歷嗎？」
文王說：「那我們就占卜一下，看看先王的意思究竟是不是這樣吧！」
大臣說：「先王的命令，何必懷疑。占卜做什麼呢？」
文王便派人去把臧丈人迎接回來，委政給他。

【說明】

㈠臧是地名，在陝西渭水附近。丈人是年高的男子。
㈡臧丈人的釣魚，是「無心釣魚」的釣魚。文王看出他的道術很高，所以假借先王的託夢，請他回去做宰相。
㈢臧丈人釣到的魚，也可以說就是文王。但《莊子》的故事中，陳意遠遠比釣文王要高。

魯國只有一個儒者

莊子見魯哀公，談了一談他的道術。

哀公說：「我魯國的人都修儒術，沒有什麼人修你的道術啊！」

莊子說：「魯國也沒有什麼人修儒術啊！」

哀公說：「你怎麼這樣說？你不看我國中到處都是穿儒服的人嗎？」

莊子說：「穿儒服的人就一定懂儒術嗎？我聽說儒者戴圓形的帽子，是表示他知道天文。穿方形的鞋子，是表示他知道地理。佩彩帶，繫玉玦（ㄐㄩㄝˊ jué），是表示他遇事能夠有決斷。可是那些穿上儒服的人，真的具有這種造詣嗎？我請大王下令：『不懂儒術，而擅穿儒服的人要處死罪』，就知道他們是否真懂儒術了。」

第二天，哀公下令：「凡是不懂儒術的人，五天之內，請除下儒服，否則處死罪。」五天以後，整個魯國，只有一個男子敢穿儒服，站在哀公朝廷門口。於是哀公便召見他，試問他國事，結果那個儒者應對無窮，千變萬化。是個真正的儒者。

這時，莊子便對哀公說：「你看怎樣？全魯國也不過只有一個儒者，還能算多嗎？」

【說明】

世上明道的人很少。可是世人偏多穿著得道的外衣。莊子是得道的人，所以假儒真儒，他一眼就看了出來。本篇故事，莊子提醒魯君，正是告示我們，不要被「形式」所蒙蔽。

老子剛洗過頭髮

有一次，老子剛剛洗過頭髮，頭髮還沒有吹乾。老子便披頭散髮，坐在那裡，一動也不動。

這時孔子恰巧來訪，一見老子像枯木那樣動也不動，心中嚇了一大跳。過了一會兒，老子的頭髮吹乾了，便對孔子說：「怎麼樣，你剛才嚇了一跳嗎？」

孔子說：「是的，先生剛才的模樣，像是一株枯木，已經離開人世而完全獨立。我大吃一驚哩！」

老子說：「我剛才是遊心於萬物還沒有開始的世界，你知道嗎？」

孔子說：「哦！這太玄奧了。請先生指點一下吧！」

老子說：「這件事，當我想說的時候，我的心便像困窘而不通，我的口便像張開了而發不出聲音那樣。很不好說明哩！萬物沒有開始的世界是一個沒有端倪，沒有窮盡的世界。那是一個完善快樂的世界。」

孔子聽了，讚歎道：「只有先生才能和造化合一啊！古來的君子，有幾人能達到這境界呢？」

孔子回去以後，便把所見一一告訴顏淵。

孔子說：「我去拜訪老聃，才發現自己像是水缸裡的小紅蟲那樣無知。如果不是老聃打開水缸上的蓋子，我還不知道缸外另有天地哩！」

【說明】

大道不可說。「道可道，非常道」。所以莊子說：「我說了那麼多的話，其實沒有說過一句話。」

魏文侯不想做國王

田子方陪著魏文侯聊天。言談之間，田子方常提到谿工。

文侯說：「谿工是你的老師嗎？」

田子方說：「不是啊，他是我的鄰居，因為他的話很合大道，所以我就提到他。」

文侯說：「那你沒有老師嗎？」

田子方說：「有啊。我的老師叫東郭順子。」

文侯說：「那你為什麼不提他呢？」

田子方說：「我的老師已得大道，他的形狀雖然和常人一樣，他的心卻完全契合自然，叫我怎麼提他才好呢？」

田子方走了以後，文侯惘然自失。他就動也不動地坐在那裡。過了好久，才對侍立旁邊的臣子說：「噯，剛才聽了田老師的話，我才知道仁義就像土偶，雨一淋就壞了。我想了一想，這個位子也是我的累贅哩！」

【說明】

魏文侯本來以為王位最尊貴，仁義就是大道。但是聽了田子方的開示，才知道王位不足慕，仁義也非最高境界。

凡國不存不亡

凡侯和楚王坐著聊天。

一會兒，有三個人連續慌慌張張的來報告說：「凡國滅亡了。」凡侯坐著，漠然不動。

楚王問說：「你心裡不急嗎？」

凡侯說：「我何必著急呢？凡國的存在，不能保障我（真我）的存在。凡國的滅亡，也不會喪失我（真我）的存在。那麼，楚國不也這樣嗎？所以，我們不妨說凡國不曾滅亡，楚國不曾存在。」

【說明】

真我才是最重要的。外物的存亡變化，哪能時時去計較呢？

知北遊第二十二

道在屎溺

東郭子問莊子：「你所說的道，究竟在哪裡？」
莊子說：「道是無所不在的。」
東郭子說：「那就請你明指個地方吧！」
莊子說：「道就在螻蟻身上。」
東郭子說：「怎麼會這樣卑下呢？」

莊子說：「道就在稊稗（ㄊㄧˊ ㄅㄞˋ tí bài）小草的裡面。」

東郭子說：「怎麼愈來愈卑下了呢？」

莊子說：「道就在磚瓦裡面。」

東郭子說：「怎麼又更卑下了呢？」

莊子說：「道就在屎溺裡面。」

東郭子不說話了。

莊子這才說道：「你問的話，離開大道的實質太遠了。以大道來觀看萬物，萬物沒有貴賤。螻蟻、稊稗、磚瓦、屎溺是一樣的。它們如果不合乎道，就根本不能存在的，所以我說道無所不在。」

【說明】

㈠世人往往把道看得太「高」了。所以誤會道只是存在於高貴的地方。其實萬物都是道的變化，無有貴賤之分。莊子用最淺的比喻，來告訴東郭子，東郭子卻以為莊子拿他開玩笑。其實，莊子的比喻「每下愈況」，這是懂得大道的人才能這樣使用「方便法」啊！

㈡「每下愈況」典故出在此處。不可誤用為「每況愈下」。

大馬捶鉤者

楚國大司馬家中，有個打製帶鉤的工匠，年紀已經八十歲了。可是，他打出來的帶鉤，不失豪芒，完美無瑕。

大司馬問道：「你打的帶鉤這樣精巧，究竟是靠技術呢？還是已經得道了呢？」

那工匠說：「是啊，我有道哩。我二十歲的時候，就喜歡打帶鉤。我打帶鉤的時候，精神專一，除了眼中的鉤以外，什麼東西都不能引誘我分神。我心的專一，就是這樣對別的東西毫不關心訓練出來的。所以現在，我已經不需要用心，我的心就自然專一。我的心自然專一，我打的帶鉤，還會失去豪芒嗎？」

【說明】

㈠八十歲的工匠，因為長期訓練他的心不為外物所分散，所以心意越來越集中。

㈡這個工匠最後不必用心去集中精神，精神便自然專一，這時他的心中連「帶鉤」也沒有了。所以打出來的帶鉤，沒有人工的痕跡，這叫做「不失豪芒」。

(三)「大馬捶鉤者」是文學家常用的典故，故保持原文，以便應用。

光曜和無有

光曜問「無有」說：「先生你究竟是有呢？還是沒有呢？」

「無有」不肯回答。

光曜看「無有」不回答，便仔細地看看「無有」的狀貌。光曜看來看去，只覺得空空洞洞。整天看也看不見什麼，聽也聽不見什麼，用手去捉也捉不到什麼。

於是，光曜說道：「這是最高的境界啊！誰能到達這個境界呢？我只能夠有心去做到無的境界，卻不能夠無心去做到無的境界。假如要做到『無無』的境界，究竟要怎樣才做得到呢？」

【說明】

世上萬物都是變化的，固定的稱之為「有」和「無」，都是粗淺的觀察結論。本篇是要我們超越有、無的二分法，這是接近佛家的「般若」了。

道可以擁有嗎？

舜問丞說：「道可以擁有嗎？」

丞說：「你的形體都不是你能擁有的，道要怎樣去擁有呢？」

舜說：「我的形體不是我的，那是誰的呢？」

丞說：「你的形體、你的性命、你的子孫，都是自然變化，暫時寄託的啊！哪裡是你的呢？」

【說明】

㈠把形體當做自己擁有的，這是一種迷惑。

㈡有心把道拿來擁有，也是一種迷惑。所以佛家說：得道的人，無智亦無得。

知識和大道

「知」到北方去遊歷。有一天，他來到玄水的旁邊，登上隱弅（ㄈㄣ fēn）的山丘，遇見了「無為謂」。

「知」問「無為謂」說：「我想問你三個問題：怎樣思考才能明白大道？怎樣動作才能安於大道？怎樣的法門才能獲得大道？」

「無為謂」聽了這三個問題，沒有回答。

「知」得不到解答，便又來到白水的南邊，登上狐闋的山丘，遇到了「狂屈」。

「知」把原來的三個問題，拿來問「狂屈」。

「狂屈」說：「我知道。我心中想告訴你，但卻忘了所要說的話。」

「知」還是沒有得到解答。便回到帝宮，去問黃帝。

黃帝說：「不要用心去思考，才能明白大道；不要用心去動作，才能安於大道；不要用心去依據法門，才能獲得大道。」

於是，「知」問黃帝說：「我和你都知道大道。無為謂和狂屈卻不知道大道，到底誰

才對呢？」

黃帝說：「無為謂是合於大道，狂屈是接近大道，我和你距大道還遠得很哩！」

【說明】

㈠知、無為謂、狂屈三人，是莊子虛構的人物。分別代表道的三種境界。

㈡「知」是代表「言」的境界，「狂屈」是代表「言無言」的境界，「無為謂」是代表「無心、忘言」的境界。

㈢用「知」去測量大道，用「言」去表示大道，都像用繩索去測量天的高度一樣，所以黃帝說「距大道很遠」。

㈣參閱禪宗達摩傳衣缽給慧可的故事。達摩傳衣缽時，先測驗他的高足要每人說一句話。他的高足每人說了一句話，慧可卻一句話也沒說。達摩便傳衣缽給慧可。

道超越知

泰清問無窮說：「你知道大道嗎？」

無窮說：「我不知道。」
泰清又問無為說：「你知道大道嗎？」
無為說：「我知道。」
泰清說：「你知道大道，有名目可以指稱嗎？」
無為說：「有啊。」
泰清說：「什麼名目？」
無為說：「道可以稱為貴，可以稱為賤。可以稱為聚，可以稱為散。」
泰清便去問無始說：「無窮不知道，無為知道，那麼究竟誰是誰非呢？」
無始說：「知道的人淺，不知道的人深啊！」
泰清仰天嘆息說：「原來道是不可用耳朵去聽，不可用眼睛去看，不可用嘴去說。道是超越感官知識的啊！」

【說明】

㈠莊子一再強調道是不可用人的眼耳口心去索解。人必須超越這些「管錐」才能測天地、大道。

㈡如果想進一步了解莊子的這層境界，請讀佛經「轉識成智」的道理，但這已超越知識的範疇了，故不再述。

庚桑楚第二十三

后羿的技巧

后羿的箭術巧妙，能夠一箭貫穿空中飛鳥的雙目。但是，他卻沒有技巧能夠避開世俗的稱譽。

【說明】

㈠后羿能命中飛鳥，鳥不能避。但是，名譽也同樣的命中后羿，后羿不能避。

㈡所以從大智者看來，后羿的箭術，正是他最大的累贅。
㈢世人好名，女人好佩戴首飾，這在智慧者看來，也正是一種累贅。

用道術捉麻雀

用箭術捉麻雀，百發百中，那是后羿的絕技。但是，后羿能捉到多少隻麻雀呢？如果用道術捉麻雀，把天下當做羅網，麻雀便一隻都跑不掉了。

【說明】

㈠技術的功用有限，道術的功用無限。
㈡世俗的絕技，只是大道之花（不是果實），大道之末而已。世人多逐大道之末，奈何！

庚桑楚逃名

老子的弟子庚桑楚，頗得老子之道。

庚桑楚住在畏壘山上，使畏壘地方的百姓大為豐收，於是當地的人開始感激崇拜他。

庚桑楚知道人家崇拜他以後，便對弟子說：「春天的時候百草叢生，秋天的時候，萬物結果。這是自然的運行啊！我住在這裡，人家卻把天地的功勞推在我的身上，認為我是賢人，難道我要做人的模範嗎？」

於是，他搬到深林裡去了。

徐无鬼第二十四

匠石和郢人

惠施是莊子的好朋友，惠子死後，莊子很想念他。

有一次，莊子送葬，路過惠施的墳墓，莊子便感慨地對隨從的人說：

有個郢人在塗白灰的時候，一滴白灰落在他的鼻尖上，像是蒼蠅的翅膀那樣薄。郢人便回頭叫他身邊的匠石拿斧頭把它砍掉。匠石拿起了斧頭，揮霍如風，看也不

看，兩三下就把白灰削得乾乾淨淨。郢人站在那裡動也不動，所以鼻子一點也沒有受傷。

宋元君知道了這件事，就把匠石找來。對他說：「我也把白灰塗在鼻尖上，讓你砍砍好嗎？」匠石說：「我以前曾經砍過。但是，我的對手早就死了。」

莊子說到這裡，頓了一下，繼續說道：「自從惠子死後，我的對手也就死了。我就沒有說話的人了。」

【說明】

㈠本篇非常精采。無情的莊子，寫出了這樣動情的文字。

㈡惠子說話，莊子也會說話，二人是「敵手」。

㈢惠子會說話而喜歡說話，莊子會說話而不喜歡說話，二人境界不同。

㈣惠子沒有領悟不說話的道理，莊子深為惋惜。

㈤當惠子躺在墳墓裡，再也不能說話了。莊子說話的時候，惠子還聽得到嗎？

徐无鬼相狗相馬

徐无（ㄨˊ wú，同無）鬼因女商的介紹，去見魏武侯。

武侯慰問徐无鬼說：「先生氣色不太好啊！大概是住在山林太吃苦了，所以才下山找寡人聊天吧！」

徐无鬼說：「我是來慰問你的啊，你怎麼反來慰問我呢？」

武侯聽了，知道徐无鬼的話並沒有錯，自己實在十分勞累。因此，他便惆悵著不說話了。

過了一會兒，徐无鬼又說道：「大王，我會相狗，也會相馬哩。你想聽聽嗎？」

武侯說：「啊，那好極了，你說給寡人聽聽吧！」

徐无鬼說：「我相狗，分為三種。下等的狗，吃飽就算了，這種狗和貓一樣。中等的狗，眼神明亮，矯矯不凡的樣子。上等的狗，自由自在，無拘無束，根本不知道自己是狗哩！」

武侯聽了，鼓掌大笑。

徐无鬼又說：「我相馬的本領又比相狗還要精。馬有兩種，一種叫做國馬，一種叫天下之馬。」

武侯說：「請先說什麼叫做國馬？」

徐无鬼說：「如果一匹馬，無論馬齒、馬背、馬頭、馬眼，都合乎繩墨規矩，牠的進退周旋，也完全中規中矩，那就叫國馬。」

武侯說：「那什麼是天下之馬？」

徐无鬼說：「如果一匹馬，牠的動作似動似靜，牠的精神若有若無，牠好像是忘掉自己的樣子，這匹馬跑起來必然絕塵而去，這就叫做天下之馬。」

武侯聽了，瞪了一下像病夫似的徐无鬼，然後便站了起來，大笑不已。

【說明】

㈠世人相狗相馬，只看毛色皮相。一如武侯看徐无鬼。

㈡徐无鬼外表似病夫，實則精氣含藏不露。

㈢武侯衣冠華麗，但精神空虛乏力。

㈣徐无鬼提醒武侯，武侯會意大笑。

《詩》、《書》、《六弢》不如狗馬經

徐无鬼見了魏武侯，告辭出來。

女商問道：「先生剛才談些什麼話呢？大王怎麼會那樣高興？」

徐无鬼說：「我只是隨便談了些相狗相馬的道理。」

女商吃驚道：「是嗎？那真奇怪了。從前我和大王談《詩》、《書》、《禮》、《樂》，不然就談《六弢》（ㄊㄠ tāo，韜）兵法，大王卻從來沒有這麼高興過哩！」

徐无鬼說：「哦！你沒有聽過越國被放逐的人講的話嗎？剛離國的幾天，只要看見老朋友便很高興。離開個把月以後，只要看見越國的熟人便很高興。一年之後，只要看見像越國的人就很高興了。人離家鄉越久，就會越想念家鄉，不是這樣嗎？如果有人被放逐到山林裡，整天和野獸做朋友，有一天在山谷中忽然聽到有人的腳步聲，那他就會欣喜若狂了。如果來的人，竟是他的兄弟親戚，你說那人不是要高興得昏倒嗎？」

女商聽了，屏息靜靜地注視著徐无鬼。過了一會兒，徐无鬼又說道：「大王太久沒有聽到親切的話了，太久沒有接近有道的真人了！」

【說明】

㈠大道如知己。聞大道，如見知己般的喜悅。

㈡仁義、《六弢》（太公兵法，文、武、虎、豹、龍、犬六韜），並非大道，所以聽久了，反而索然無味。

黃帝問道於牧童

黃帝帶著方明、昌寓、張若、滑稽等六人，坐馬車想到具茨（ㄘˊ cí）山去見大隗（ㄨㄟˇ wěi）。

七聖在半路上迷路了，一時找不到可以問路的人。黃帝便向路邊的牧童問說：「你知道具茨山在哪裡嗎？」

牧童說：「我知道啊！」

黃帝又問說：「你知道大隗在哪裡嗎？」

牧童說：「我知道啊！」

黃帝說：「奇怪啊！你不但知道具茨山，也知道大隗。那麼你知道怎樣治天下嗎？」

牧童說：「治天下不就和牧馬一樣嗎？只要把妨害馬本性的去掉就好了。」

黃帝聽了，便向牧童拜謝，尊之為「天師」。

【說明】

七聖迷路，到了具茨山還不知道。黃帝聽了牧童的話，才知已到具茨山。那麼牧童是誰呢？

九方歅論相

子綦有八個兒子。有一天，他請了九方歅（ㄧㄣ yīn）來替八子看相。

九方歅看了以後，對子綦說：「你的八個兒子，名字叫做梱的相最好。」

子綦說：「梱的相，為什麼最好？」

九方歅說：「他將來終身和國君同坐同食。和國君同坐同食，可以澤被宗族，不是很好嗎？」

子綦聽了，放聲大哭。

九方歅說：「你這做人爸爸的怎麼這樣沒福氣，兒子的命相好，你反而哭個什麼勁？」

子綦說：「不養羊的人，家裡忽然跑出一隻羊。不打獵的人，家裡忽然跑出一隻鵪鶉，這是不好的怪兆啊！」

不久，梱要到燕國去，半路上被強盜捉去了。強盜說：「不如把他的腳砍了，比較不會跑掉。」梱的腳就被強盜砍掉了。然後，梱被賣到齊國去。梱在齊國，替渠公看門戶，終身肉食。

【說明】

㈠世俗撿來的幸福，有道的人認為是累贅。

㈡九方歅又作九方臯。見《列子》。

吳王射巧猿

吳王渡江，來到一座山上。

山上很多猴子。那些猴子，見有生人來了，便紛紛躲入深山裡去了。只有一隻猴子，在樹枝上跳來跳去，不怕生人。

吳王見了，便張弓射去。那猴子很靈巧，一閃就躲開了。吳王連射幾箭，都奈何不了牠。

於是吳王叫左右一起放射，轉眼之間，那猴就給射死了。

吳王對顏不疑說：「這猴子雖然靈巧，但是就因為誇耀靈巧，所以傷了性命。」

顏不疑回去以後，便拜董梧為師，三年不出門，以去除驕色。

【說明】

本領不可誇，智慧不可耀。老子說：「和光同塵」，便是勸人自晦光芒。

則陽第二十五

蝸牛角上的兩國

魏惠王和齊威王互相結盟。不久，齊王首先背約，魏王大怒，便想出兵懲罰他。

那時惠子正在魏國，便叫戴晉人去見魏王。

戴晉人對魏王說：「有個叫做蝸牛的小動物，大王知道嗎？」

魏王說：「知道啊！」

戴晉人又說：「有個建國在蝸牛的左角上的人叫做觸氏，另有個建國在蝸牛的右角上

的人叫做蠻氏。觸氏和蠻氏經常為了爭奪土地，互相攻戰，死傷的人動則數萬以上。追亡逐北，也常常半個月以後才回來。」

魏王說：「你這是胡說吧！哪有這種事？」

戴晉人說：「大王以為我是胡謅嗎？讓我證實給你看吧。天地四方有窮盡嗎？」

魏王說：「沒有窮盡。」

戴晉人說：「好哇！在天地之中有個魏國，魏國中有個大梁城，大梁城中有個宮殿，宮殿中有個大王。那麼大王和蝸牛角上的蠻氏有什麼分別嗎？」

魏王聽了，惆悵良久，不能回答。

【說明】

這比喻很精采。世人爭地、爭利，在有道的人看來，就像蝸牛角上的觸氏和蠻氏在角鬥一樣。

誰是盜賊？

柏矩追隨老聃學道。

有一天，他對老聃說：「讓我到天下各地去遊歷吧！」

老子說：「算了吧！天下到處不都一樣嗎？」

柏矩過了幾天，又再請求。

老子說：「你要先到哪裡去呢？」

柏矩說：「我先去齊國看看吧！」

柏矩一踏入齊國的郊外，第一個看見的事物便是一具罪人的屍體。

柏矩一看，便跪下去把他扶起來，把自己的衣服披在他的身上，放聲大哭說：「哎呀！天下最大的災害，你先就遇上了！真可憐啊！國法上說：『不要去做強盜，不要去殺人』但是，誰在做強盜？誰在殺人呢？強盜殺人的行為，要責備誰才好呢？」

【說明】

(一)這是一篇很沉痛的控訴：「誰是大盜？」

(二)這世上要太平，只有人人超越私心才行。但是，在這世上，往往是做國君的先有私心，那便是率先做壞事了，哪能叫百姓不做壞事呢？春秋戰國的局面，便是這樣演變來的。

孔子質詢太史

孔子有一次質問三個太史說：「衛靈公生平喜歡飲酒作樂，不管政事，而且常常只顧打獵，不參加諸侯的會盟。那他為什麼諡為靈公呢？」

第一個太史大弢說：「靈本來就是無道的諡號啊！」

第二個太史伯常騫說：「靈公有三個妻子，常共用一個澡盆在一起洗澡。有一次史鰌有急事去找靈公，見靈公正在男女共浴。而靈公立刻叫人把史鰌手上的公文接了下來，並且派人恭恭敬敬地扶他出去。這樣看來，靈公對賢人還是尊敬的，所以諡為靈公啊！」

第三個太史豨韋（ㄒㄧ ㄨㄟˇ xī wěi）說：「靈公死後，卜葬在祖先的墓地，不吉利。卜葬在沙丘才吉利。當要葬在沙丘的時候，掘地數尺，就挖到一具石棺，上面刻有銘文說：『不要靠子孫做棺材，靈公就用這具棺材好了。』這樣看來，靈公的靈是前定的，所以謚為靈啊！」

【說明】

㈠衛靈公之無道，太史越描越黑。莊子諷刺之意，十分顯豁。

㈡衛靈公無道，按照謚法，便不應謚為靈。謚為靈就是欺騙天下人。

㈢孔子是「作《春秋》而討天子」的。所以莊子借他的懷疑來正告世人不可詐欺。

環中之道

冉相氏悟出了環中之道，以應無窮之變。

萬物沒有過去，沒有現在，沒有未來。

形體與萬物相合，真我不須臾離開。

效法自然，而不有心效法自然。

沒有自然的觀念，也沒有人的觀念。

【說明】

得道者的心態，不空不有。

外物第二十六

莊周貸粟

莊周家裡貧窮。有一次去向監河侯借粟米。

監河侯說：「好。但是我現在沒有錢，等我向百姓收到稅錢以後，再借你三百金好嗎？」

莊子說：「我昨天來的時候，半路上有人叫我。我回頭一看，原來是路邊的窪地有一條魚，快要渴死了。牠說：『你給我一點水喝好嗎？』我說可以呀，但是我現在沒有水，

等我南遊吳越，向吳王、越王請求引西江的水來迎接你回歸大海吧！那魚聽了，勃然大怒道：『那你不如明早到賣魚乾的店鋪去找我吧！』」

【說明】

理不在大小，但要恰如其分才好。誇大而不合理，便一無是處了。

任公子釣大魚

任公子做大鉤和巨索，用五十條閹過的牛做魚餌，蹲在會稽山上，投竿東海釣大魚。他在山上大約守了一年，才有一條大魚來吃餌。那條大魚上鉤以後，在海中捲起的波浪像山一樣高。海水震動呼嘯，千里之外，仍感威勢驚人。

任公子把大魚釣上來以後，切成魚片，製成乾肉，從浙江以東，蒼梧以北的人都吃飽了。

那些喜歡傳說的人，聽了任公子的故事，無不奔走相告，引為奇談。

至於那些經常拿著小魚竿釣小魚的人，聽了任公子的故事，他們就根本不相信了。

【說明】

㈠小儒不能通大道。莊子故意編造釣大魚的任公子來提醒世人，不要被小道所誤。

㈡道不在大，能通則大。

儒生盜墓

有兩個儒生為了研究《詩》、《禮》，便去盜掘古墓。

一個年紀較大的儒者，站在墓坑上面傳話道：「喂，挖得怎麼樣了？太陽快要出來了呀！」

在墳墓底下工作的小儒說道：「快啦！快啦！衣裙就要脫下來了！《詩》上不是說過：『青青的麥子，長在山坡上。活著的時候，不肯布施人家，死了卻含著珠子幹嘛？』等一下，讓我拿小銅錘敲敲他的下巴，慢慢張開他的嘴巴，不要弄壞了他含的珍珠。」

【說明】

㈠諷刺讀書人的無恥。為了研究《詩》、《禮》盜墓，也是「盜」。

㈡諷刺讀書人的頑固愚蠢，古蹟不是大道。古物能證明什麼呢？

靈驗的白龜

有一天的半夜裡，宋元君夢見有人披頭散髮，從屋簷下伸進頭來偷看他。

那人對宋元君說：「我是清江使者，本來要到河伯那裡去，半路上不小心被漁夫余且捉去了。」

宋元君夢醒之後，便叫人占卜解夢。占卜的人說：「那人是一隻神龜變的。」

宋元君又問道：「那麼有個漁夫叫做余且的嗎？」

左右回答說：「有的。」

宋元君說：「明天叫余且來。」

第二天，余且來了，宋元君問道：「你最近捕獲了什麼嗎？」

余且說：「我網到一隻白龜，直徑有五尺長。」

宋元君說：「那麼你把白龜獻上來。」

白龜獻來以後，宋元君想放了牠，又想殺了牠。一時不能決定，便叫人來占卜。占卜的人說：「殺了龜，用龜骨來占卜，吉利。」於是宋元君便殺了白龜，用來占卜七十二次，每次都靈驗無比。

孔子因此說道：「神龜能託夢給宋元君，卻不能避開余且的網。他的智慧能夠卜七十二次全都靈驗，卻不能免除殺身之禍。這是小聰明，不是大智慧的緣故啊！」

【說明】

小智慧有所見，有所不見，因為他有所蒙蔽。所以人要有大智慧。大智慧就是無漏的智慧，無漏就是觀照圓滿。

自然的用

惠子對莊子說：「你說的話沒有用？」

莊子說：「你知道沒有用，才可以跟你談用。」

惠子說：「怎麼講？」

莊子說：「比如說這一塊大地，你所用的只是腳下立足的那一小塊而已。但是如果把立足以外的地，通通挖掉，一直挖到黃泉，那麼你所立足的那小塊地還會有用嗎？」

惠子說：「沒有用了。」

莊子說：「那麼沒有用的用處也就很明顯了。」

【說明】

㈠有用還須假借無用而成，這才合乎自然之用的道理。世人多不明此理。

㈡世人所認為的有用，往往只見其小用，自然之用才是大用哩！

得魚忘筌

香草是用來引誘魚兒上鉤的。捉得魚以後，香草就可以捨棄了。

捕獸器是用來捉兔子的。捉到兔子以後，捕獸器便可以捨棄了。

言語文字是用來傳達思想的。意思已經傳達了以後，言語文字便可捨棄了。

【說明】

㈠本篇意義非常重要，讀書人尤其要好好領會。

㈡本篇的原文是：

筌者所以在魚，得魚而忘筌（編者按：有的版本作「荃」，荃為香草名）。

蹄者所以在兔，得兔而忘蹄。

言者所以在意，得意而忘言。

㈢「蹄」是用來絆兔子腳的捕獸器。

㈣本篇常常被文學家、藝術家、思想家引用，已成非常普遍的典故。所以在此把原文錄出供作參考。

寓言第二十七

無牽無掛的人

曾子第二次出來做官的時候，心情上又有了新的變化。

曾子說：「我第一次做官的時候，俸祿只有三釜米，但是我心中很快樂，因為那時我雙親還在。現在我的俸祿雖然提高到三千鍾的米，但我的雙親已經不在了，所以我心裡很難過。」

孔子的弟子知道了這件事，便問孔子說：「像曾參這樣子，可以算是沒有牽掛的人嗎？」

孔子說：「他對於俸祿是沒有牽掛，但是他還是有別的牽掛啊！一個真正沒有牽掛的人，他會有哀樂嗎？對於三釜或三千鍾的俸祿，那就等於是鳥雀蚊蟲從他身邊飛過去一樣，他更不會記掛了。」

【說明】

有哀樂的人，不能算是沒有牽掛。我們的牽掛有多少？

得道的階段

顏成子游對南郭子綦說：「自從我追隨夫子學道以來，第一年心如野馬。第二年才開始收斂。第三年心無掛礙。第四年混同物我。第五年大眾來歸。第六年通鬼神。第七年順乎自然。第八年忘去生死。第九年大徹大悟。」

【說明】

㈠這是說明修道的心路歷程。

㈡第一年心如野馬，這觀念很要緊。修道的人，一開始不要過分勉強收斂，先讓他跑，跑倦了再來收斂，便事半功倍。第一年就想收斂的人，往往十年下來還是心如野馬。

楊朱學道

楊朱想和老子學道。在梁的郊外，楊朱見到了老子。

老子一看到楊朱就嘆息說：「你這人真是無可救藥。」楊朱聽了，不敢講話。到了旅舍以後，楊朱恭恭敬敬地替老子準備好毛巾臉盆，侍候老子以後，才伏在地上向老子請罪。

老子說：「你那一副跋扈的樣子，人家見了你都會害怕。你還想修什麼道？」

楊朱聽了，趕快自我反省，說道：「我一定遵從老師的指教。」

楊朱初到旅舍的時候，主人非常害怕得罪他，客人也不敢和他住在一起，紛紛讓位避開。

但是，楊朱要離開旅舍的時候，態度大為改變，旅舍的人都和他很親熱，甚至和他搶位子了。

【說明】

修道的人，首先要去掉矜持驕態。心不虛，哪能容道呢？

孔子六十歲的變化

孔子行年六十歲而有六十歲的變化。從前認為對的，現在不敢說是對的了。現在認為對的，也不敢說是五十九年的不對了。

惠子問莊子說：「孔子到現在還是使用知識、勞苦心智嗎？」

莊子說：「孔子早就超越這個境界了。他認為明辨是非，不過是服人之口而已，不能服人之心。如要使人心服，必須合乎自然的大道才行。」

【說明】

使用知識、勞苦心智，是一種較低的層次。智者應該超越這個層次。所以莊子說：「孔子謝之矣！」

讓王第二十八

顏闔搬家了

魯君聽說顏闔是一個有道的高人，便派使者去聘請他。

顏闔住在簡陋的巷子裡面，穿著粗麻製的大衣，親自在餵牛。

使者來到顏闔家門口，問說：「這是顏闔的家嗎？」

顏闔說：「是啊，這是我顏闔的家啊！」

使者就把魯君託他帶的金帛禮物奉上。顏闔說：「先生恐怕弄錯了吧！請你回去重新

打聽一下好嗎？不然送錯了人，你回去還要挨罵哩！」

使者見顏闔這副窮酸相，心中已經半信半疑，於是只好帶著禮物回去了。

使者回去以後，不久又趕了回來。但是使者到了顏闔家，顏闔卻早已走了。

【說明】

大智慧者不以外物自累。金帛禮物在顏闔看來，正是名繮利鎖，所以便逃之夭夭了。

列子面有菜色

列子住在鄭國，非常貧窮。

有個客人，見列子面有菜色，好可憐的樣子。他就跑去對宰相鄭子陽說：「列子是有道之士啊，他住在鄭國，這麼貧窮，難道你不怕人家罵你不愛賢士嗎？」

鄭子陽一聽，就叫人送了一些公家的米給列子。

使者來見列子，送上米，列子不受。使者走了以後，列子的妻子便責罵他說：「我聽說和有道的人住在一起，生活會很快樂。但是我和你住一起，卻難過得很。剛才相國派人

送米給你，這是相國的好意啊，你為什麼不肯接受呢？」

列子笑著說：「相國送我米，並不是他真正了解我而送我米。他是聽了人的話，才送我米的。你想想看，相國能聽人家一句話便送我米，那麼將來誰能保證他會不會聽人家的話來加罪於我呢？」

後來，鄭子陽亂政，果然被百姓所殺。

【說明】

㈠「趙孟能貴之，趙孟能賤之」。大智慧者，自貴自賤，別人不能使你貴賤。

㈡世俗之人，多只看眼前的蠅頭小利，不知未來的滔天大禍，有道之人必須通達觀照。

屠羊人不厭羊騷味

楚昭王逃亡的時候，屠羊說（ㄩㄝˋ yuè，屠羊的人，名叫說）追隨昭王一起流亡。吳軍退去以後，昭王返國，封賞那些患難的功臣。屠羊說也在封賞之列。

昭王派人去找屠羊說。

屠羊說對使者說道：「大王逃亡的時候，我也放棄了屠羊。現在大王返國，我已恢復了屠羊的職位。我有什麼好封賞的呢？」

使者說：「你追隨大王流浪，也很辛苦啊，就算接受一點封賞，也不過分啊！」

屠羊說道：「大王逃亡，不是我的罪過。大王返國，也不是我的功勞。我既不受處罰，也不接受封賞。」

使者還報昭王。

昭王說：「那就叫屠羊說來見我吧！」

使者只好再去找屠羊說。

屠羊說道：「楚國的法律，要有大功受重賞的人，才得晉見大王。當吳軍侵入郢都的時候，我的智慧不足以保住大王，我的勇氣不足以殺退敵人。我逃亡的時候，其實也只是怕被吳人殺死才逃走的。所以，我怎麼能不顧國法而去見大王呢？」

使者沒有辦法，又去回復了昭王。

楚昭王聽了以後，對司馬子綦說：「這個屠羊的人，地位雖然很低，談的道理卻不同流俗哩。你去把他找來，讓我給他卿相的位置吧！」

司馬子綦使奉命去見屠羊說。

屠羊說道：「卿相的地位，當然比我屠羊的地位要高貴多了。萬鍾的俸祿，也比屠羊的利潤要高得多。但是，我只是屠羊的人，我要這麼高的位子，這麼多的俸祿做什麼呢？」

【說明】

㈠屠羊人追隨楚王流亡，表面雖有侍奉之恩，其實也有怕死之意。吳軍入郢，誰不怕死呢？

㈡屠羊人說的實話，暗示了楚王和世俗的互相欺騙。

㈢楚王的使者四次勸屠羊人受封賞，屠羊人四次都拒絕。這是莊子的一片苦心，要世人不要互相欺騙。

顏回不想做官

孔子對顏回說：「回，你過來。我看你住得那麼簡陋、吃得那麼粗劣，為什麼不去做官？」

顏回說：「老師，我不想做官啊！我在城裡有五十畝薄田，可以有些收成，平日煮稀飯吃，也就夠了。我城外還有十畝地，種些桑林，做衣服、做鞋子也就有得穿了。其他空閒的時候，我就彈彈琴，跟老師談談大道。這樣我就很滿足了呀，何必再去做官呢！」

孔子說：「很好啊！知足快樂的人就不會為利祿而勞苦了。」

【說明】

多餘的物質，不必過分去追求，否則得不償失。

子貢衣服雪白

原憲和子貢是孔子的學生。

原憲住在魯國的時候，家徒四壁，屋頂會漏雨，門戶有漏洞，但他都不在意。子貢很會說話，做了大官，往來很神氣。有一天，子貢來看原憲。他的大車子剛開到巷口，便卡住進不去了。子貢只好下車，步行而入。

子貢見原憲站在門外，鞋子的後跟都掉了，便問說：「你還是這麼窮，近來身子好

嗎？」

原憲說：「我很好啊！」

子貢進去坐了下來，見地上有點潮濕，空氣中有股霉味，心中頗不自安。

原憲笑道：「一個人太窮固然不好。但是為了迎合世俗而放棄理想，為了做壞事而假借仁義。這人的衣服雖然穿得雪白，車馬也很華麗，我還是認為不如貧窮的好。」

子貢聽了，很不好意思。

【說明】

㈠衣服雪白的人，不一定內心很清白。原憲教訓子貢，便是指他因小失大。

㈡用貧窮來裝飾清高，也是不必的。

㈢一個人與其做壞事而得富貴，不如守貧窮好些。

盜跖第二十九

孔子會見大盜(一)

孔子和柳下季做朋友。柳下季有個弟弟叫做盜跖。盜跖有部眾九千人，橫行天下。

孔子對柳下季說：「做父親的要管教兒子，做哥哥的要管教弟弟。如果不能做到這點，那要父子兄弟的關係做什麼呢？現在你弟弟做大盜，橫行天下，你卻不能管教他，我不能不為你感到羞恥。請讓我替你去勸勸他吧！」

柳下季說：「先生認為做父親的，一定要能管教兒子。做哥哥的，一定要能管教弟

弟。但是假使做子弟的就是不聽父兄的管教，就像先生這麼會說話，又有什麼辦法呢？」

孔子說：「那就讓我去試試看吧！」

柳下季說：「我那弟弟，心如湧泉、意如飄風。他的強悍，可以做到絕不低頭。他的辯才可以做到顛倒是非。如果你順從他，他就很高興。如果你拂逆他，他就勃然大怒。現在你如果去的話，他會把你的話倒過來，把你罵得狗血淋頭，我看你還是不要去嘗試吧！」

孔子不聽，便叫顏回駕車，子貢隨在旁邊，一起上山去會大盜。

大盜的道理(二)

孔子來到泰山下，只見盜跖和他的隨從正在忙著炒人的心肝當點心吃。

孔子對盜跖的隨從說道：「煩請通報你們的將軍，說魯國人孔丘，素聞將軍高義，特地前來拜訪。」

那個隨從立刻前去通報。盜跖聽說孔子來了，氣得哇哇怪叫，像是小老虎一樣。然後他把兩眼一瞪，燦若明星，頭髮根根倒豎而起。

盜跖怒道：「你說什麼孔丘來了！就是那個魯國最虛偽巧詐的人嗎？你替我傳話給他：不要再妄稱文武，搬弄是非，迷惑天下君主。不要再假借孝悌，欺騙士人，僥倖得到封侯的富貴。他的罪孽深重，趁早下山還來得及，不然我就把他的心肝拿來做午餐吃了！」

那隨從把話告訴了孔子。孔子說道：「對不起，煩請再通報一下。我是柳下季的好朋友，只來仰望將軍而已。」

盜跖聽說孔子不走，便叫他來相見。孔子俯身向前走，連連拜揖，盜跖卻坐在石頭上，兩腿張開，手按寶劍，大聲叱道：「丘！你來吧！你說的話如果合我的意，我就放你走。如果不合我意，你就休想活著下山！」

孔子說道：「將軍請暫息怒。我聽說天下有三種美質。身材高大，美好無雙，不論少長貴賤，見了他就喜歡，這是第一種的美質。智慧包羅天地，能分辨萬事萬物的道理，這是第二種的美質。勇敢果決，能聚集群眾，率領兵卒，這是第三種美質。一個人只要具有以上任何一種美質，就足可南面稱王了。現在將軍一身而兼有這三種美質，身為八尺二寸，眼如明星，脣如激丹，牙齒像編貝，聲音像黃鐘，可是卻稱做盜跖，這不是太可惜了嗎？將軍如有意聽我的淺見，我願南使吳越，北使齊魯，東使宋衛，西使晉楚。請他們為將軍築一座大城，尊將軍為諸侯。讓天下停止戰爭，父子重聚，共祭先祖。這是聖人才士

的行為，也是天下共同的願望啊！」

盜跖聽了，大怒道：「可以用利祿去引誘，可以用言語去規勸的人，都是一些凡夫俗子罷了！我高大美好，人人見了都喜歡，這是我父母給我的美質。你就是不提，我自己會不知道嗎？而且，我也聽說：喜歡在當面說好話的，就喜歡在背後說人家的壞話。你現在當面誇獎我，我怎敢相信你在背後不罵我呢？你說要給我一個最大的城，想用富貴來引誘我，但我豈不知道富貴只是過眼雲煙呢？再說最大的城，沒有比天下更大的了。堯舜擁有天下，他的子孫現在在哪裡呢？湯武也曾經擁有天下，他的子孫現在又在哪裡呢？天下的事情，有大利就有大害，難道我還會不懂嗎？你今天所談的道理，都是我拋棄不要的謬論，狂妄而不可信。我看你還是趕快走吧！這些謬論，距離大道太遠了！」

孔子聽了以後，連連拜揖，不敢說話，下山以後，兩眼茫然，手上拿的馬韁繩掉了三次，伏在車子上面，大氣都不敢喘一口。

孔子回到魯國東門，又碰到柳下季。

柳下季見孔子氣色敗壞，便說道：「近來好嗎？好幾天沒見到你了。看你風塵僕僕，好像有過遠行的樣子，莫非去見了我弟弟嗎？」

孔子說：「是啊！」

柳下季說：「我弟弟是不是說話不合你的意思，冒犯了你呢？」

孔子仰天歎息道：「哎！我就像是一個沒有病的人，卻拿艾草來燒一樣的愚昧！我匆匆忙忙的去拔老虎的鬍子，幾乎被老虎吃掉啊！」

【說明】

(一)本篇是莊子的諷刺。就像論語中的楚狂接輿、荷篠（ㄒㄧㄠˇ xiǎo）丈人、長沮、桀溺他們諷刺孔子一樣。

(二)孔子行仁義，當然不是欺詐。但莊子提醒世人：多少罪惡，是假借仁義之名而行之。這點我們不可不察。

(三)大盜殺人，畢竟有限。仁義如果被用做藉口來殺人，那就是禍患無窮了。

(四)不要以為莊子在侮辱孔子。莊子是在講道，不是在講歷史。

說劍第三十

趙王愛劍客(一)

趙文王喜歡劍術，劍客都流浪到趙國來。宮廷內有三千多個劍客。趙王日夜不停的要這些劍客比劍。三年下來，不知死傷了多少人，但趙王仍然樂此不疲。

諸侯見趙王日夜沉迷於劍術，認為有機可乘，便開始打算奪取趙國的土地。趙文王的太子知道諸侯的陰謀以後，憂心如焚。便決心請一個人出來勸阻趙王。

太子把他的計劃，秘密和左右商量，左右說：「有一個人，如果能請得到，一定可阻止大王。」太子說：「什麼人？」左右說：「莊子。」

太子便派人去把莊子請來。

【說明】

世俗傷身的「利器」很多，酒、色、名、利、權力等等都是。劍術也是一種。莊子怕世人沉迷不悟，所以用比較明顯的「傷身利器」來講大道。

大劍客莊子(二)

莊子見了太子，說道：「聽說太子對大王沉迷於劍術，很傷腦筋，是嗎？」

太子蹙著眉頭說：「是啊！」

莊子說：「那就讓我去見機行事吧！」

太子說：「好是好。但是現在大王心目中只有劍客。劍客以外的人，他都不接見哩！」

莊子說：「沒問題啊！我的劍術也不同凡響！」

太子說：「可是還有一個問題。大王所喜歡的劍客，都是滿頭亂髮，說話粗里粗氣。要比劍的時候，頭盔都壓著眉毛，兩眼瞪著像死魚眼一樣。大王認為這樣才有劍客的氣派。先生卻一派文謅謅的樣子，大王不會喜歡你啊！」

莊子說：「那就替我做一套劍客的服裝吧！」

於是太子替莊子做了一套劍客的服裝，調息三日，才和太子一同往見趙王。

【說明】

莊子形容劍客的模樣，生動而令人發笑。世俗之人，自以為「勇士」的，往往便是這樣可笑啊！這些人硬是糊里糊塗的把自己的脖子往劍鋒上面送，你說可憐不可憐呢？

莊子三劍㈢

莊子來到宮殿門前，緩緩地走進殿門，到了趙王的面前也不下拜。

趙王見莊子一副粗里粗氣的樣子，心中怪喜歡的。便故意問道：「你的劍術很好嗎？怎敢勞動太子為你引見呢？」

莊子大聲說道：「我的劍術千里之內，沒有人能阻擋。如果有人阻擋，我十步之內就殺一個人！」

趙王一聽，喜得跳起來，說道：「那你是天下無敵了！」

莊子說：「善於擊劍的，要先故意露出自己的破綻引誘敵人看。當敵人一劍刺來的時候，我已意在劍先。趁著敵人門戶大開的時候，身劍合一，劍出如風，我敢說我的劍術，只要一動手，敵人沒有不躺下的。大王如果要一開眼界，現在就讓我試劍吧！」

趙王連忙擺手阻止說：「不！不。你的劍術太高了，不可隨意顯露。請你回府中休息，七天之後，我再正式請你來參加比劍大會。」

於是趙王乃精選他的劍王，較量了七天，死傷六七十人，然後選了五六個造詣最高的，來和莊子比劍。

比劍的那天，莊子來了。

趙王說：「今天請你比劍好嗎？」

莊子說：「我已渴望很久了。」

趙王說：「那麼你要用多長的劍呢？」

莊子說：「我用的劍，長短隨意，但我有三種不同的劍，請大王選擇，然後我再比劍。」

趙王說：「你有哪三種劍？」

莊子說：「我有天子之劍、諸侯之劍、庶人之劍這三種劍。」

趙王說：「天子之劍怎樣？」

莊子說：「天子之劍是用燕谿、石城做劍鋒，以齊國泰山做劍稜，以晉國、魏國做劍刃，以周和宋地做劍環，以韓國、魏國做劍把，以四夷做劍鞘，以渤海做劍穗。這把劍拔出來，向上可以劈開浮雲，向下可以斬斷地根，天下無人不服。這叫做天子之劍。」

趙王又問：「那諸侯之劍呢？」

莊子說：「諸侯之劍，以聰明勇敢的人做劍鋒，以清廉的人做劍稜，以賢良的人做劍刃，以忠聖的人做劍環，以豪傑的人做劍把。這把劍一用，四境賓服，如雷霆威震四方。這叫諸侯之劍。」

趙王再問道：「那庶人之劍又怎樣呢？」

莊子說：「庶人之劍，是滿頭亂髮，說話粗里粗氣，比劍的時候，頭盔壓得很低，兩眼瞪著像死魚一樣。這種劍一出手，上砍敵人的首級，下刺敵人的心臟，就和鬥雞無異。一旦性命送掉了，對國家就再不能出力了。現在大王喜歡庶人之劍，我看是太可惜了

哩！」

趙王聽了，面如死灰，茫茫地坐在那裡。不知如何是好？

【說明】

趙王沉迷劍術，不明大道。所以莊子開示以大道，趙王一時大挫，便陷入思索中慢慢醒悟過來。

劍客死光了㈣

趙王聽了莊子三劍以後，終於明白了過來。

於是，他親自走了下來，牽著莊子的手，登上大殿，對劍客們說道：「今天比劍的事，到此為止。你們通通退下。」

趙王替莊子準備了大餐，請莊子上座，而他自己卻繞著桌子繞了三圈，心氣一直定不下來。

莊子說：「大王請定下心來，坐下吧。劍術的事，我已說完了，就此告辭。」

從此以後，趙王再也不談劍術。三個月不出宮門一步。那些劍客，見趙王再也不理他們，心中氣憤難忍，便統統拔劍自殺了。

【說明】

㈠莊子再度提醒：「劍術傷身」。小道傷身，不足為恃，世人不可不明。

㈡劍客死光了，他們是勇敢呢？還是愚蠢呢？

漁父第三十一

孔子遊黑森林

孔子來到一片黑森林遊玩。他的弟子在身邊讀書，他坐在大石上彈琴唱歌。

孔子的歌唱了一半，看見有個漁父下船走過來。那漁父的白眉毛、白鬍子垂了下來，頭髮披散在肩膀上，兩手垂在衣袖裡面。漁父在草地上緩緩地走著，到了距孔子不遠的地方，就蹲了下來，用右手托著腮，仔細聽孔子唱的歌。

漁父聽完了孔子的歌，就站了起來，用手招子貢和子路。

漁父問道：「那唱歌的是什麼人哪？」

子路說：「他是魯國的君子啊！」

漁父說：「他的家族是什麼？」

子路說：「他的家族是孔氏。」

漁父說：「孔氏是做什麼的呢？」

子路說：「他是講仁義禮樂。上以忠心事主，下以感化百姓，使天下太平的人哪。」

漁父說：「那麼他是有封地的君子嗎？」

子貢說：「不是。」

漁父說：「那麼他是諸侯的大臣嗎？」

子貢說：「也不是。」

漁父聽了，大笑說：「像他這樣辛苦，也真是可嘆啊！他這樣子下去，恐怕離開大道會越來越遠哩！」

漁父說完便走了。

八病四患

子路和子貢把漁父的話告訴孔子。

孔子便推開琴站了起來。說道：「那漁父是個大智慧的人啊！」說著便向漁父的方向走去。到了湖邊，漁父正要上船。漁父回頭見孔子來了，便站在湖邊。

孔子來到漁父前面，先後退幾步，再前進幾步，向漁父深深地行了個禮。

漁父問道：「你有什麼要求嗎？」

孔子說：「剛才聽先生說話，好像沒有說完便走了。我很愚昧，想請先生再指教。」

漁父說：「那你真是好學啊！」

孔子說：「我從小就很好學，今年六十九歲了，還沒有聽得大道，我敢不虛心嗎？」

漁父說：「人有八種毛病、四種憂患，不可不察哩。」

孔子說：「請先問什麼是八種毛病？」

漁父說：「做不是你應該做的事，這叫做揔（ㄗㄨㄥˇ zǒng）。人家不採信你的話，偏偏說

個沒完，這叫做佞。揣摩順從人家的心意，去說一些人家喜歡聽的話，這叫做諂。不問是非，只是附和人家的話，這叫做諛。喜歡說人家的短處，這叫做讒。拆散人家的交情，這叫做賊。稱譽奸詐的人，排斥自己厭惡的人，這叫做慝（ㄊㄜˋ tè）。不分善惡，兩面討好，使人喜歡，這叫做險。這八種毛病，對外則擾亂別人，對內則傷害真我。這是有智慧的人所不願接近的。」

孔子仔細聽了，又問道：「那什麼是四種憂患呢？」

漁父道：「好做大事，以求功名，這叫做叨（ㄉㄠ dāo）。妄作聰明，擅自行事，只用自己的主意，不顧侵犯人家的，這叫做貪。看出自己的過失而不改，聽了別人的勸諫反而火上加油，這叫做狠。和自己意見相同的，就認為對；和自己意見不同，雖好也說不好，這叫做矜。一個人有這四種憂患的，就很難和他談大道了。」

孔子聽了，愀然變色，再三拜揖而去。

【說明】

莊子勸人修大智慧，不要犯八病：摠、佞、諂、諛、讒、賊、慝、險。不要犯四患：叨、貪、狠、矜。這八病四患，是世人最常見的過失。要樣樣免除，並不是容易的。

討厭影子的人

有一個人，他討厭自己的影子。

當他走路的時候，看見影子緊跟在後面，便越走越快。但是，他走得越快，影子也追得越緊，他以為自己走得不夠快，便發足狂奔，竟累死了。

【說明】

世上不明大道的人，他的行為，在大智慧的人看來，就像這個討厭影子的人一樣。其實要擺脫影子，很簡單，只要在樹蔭下休息就好了。世人多在狂奔而不肯休息，這是為什麼呢？

討厭腳跡的人

有個人，他很討厭自己的腳跡。

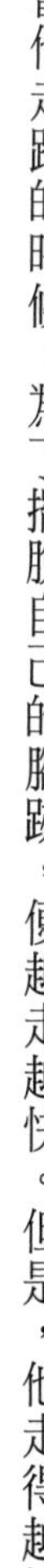

當他走路的時候，為了擺脫自己的腳跡，便越走越快。但是，他走得越快，腳跡越多，最後便累死了。

列禦寇第三十二

屠龍之技

朱泙漫向支離益學習屠龍之技。他耗盡了千金的家產，花了三年的時間才學成。但是，他下山以後，走遍了天下，找不到一條龍。

【說明】

(一)朱泙漫空想而不切實際。他的劍術究竟能屠龍，還是只能屠狗，誰知道？

㈡世上人為的技巧，不管你認為多高明，在有道的人看來，都是無用的。
㈢「屠龍之技」已成常用的典故。

打碎龍珠

有人去遊說宋王，宋王給他十輛馬車。那人就拿十輛馬車來向莊子誇耀。

莊子說：「黃河邊上有個窮人家，靠編織營生。有一天，他的兒子潛到深淵底下，找到一顆龍珠，拿給他的父親看，他的父親說：『趕快拿去打碎，我不要這龍珠。』他兒子說：『這顆龍珠千金都買不到，為什麼要打碎呢？』他的父親說：『這樣稀有的龍珠，一定在九重深淵的底下，黑龍出沒的地方才會有。你能拿到這顆珠子，一定是剛好碰上黑龍睡著了。如果黑龍醒著，你還能活著回來嗎？』」

莊子停了一下，又說道：「現在宋國的宮殿，就好像九重深淵，宋王的凶猛，就好比那條黑龍。你能拿到宋王的馬車，必定是碰到他正在睡覺。如果宋王是醒著，那你早已粉身碎骨了。」

【說明】

世人常為了珍奇的外物，忘了性命的危險，這是一種迷惑。潛入深淵而拿到一顆珠子，那太危險了。如果把性命送了，豈不太不值得了嗎？

不做犧牲

有人想請莊子出來做官。

莊子說：「你沒有看見過那養來做祭祀的牛嗎？雖然每天吃的是芻草大豆，身上披的是紋彩刺繡。但是，有一天，當牠被牽入太廟做犧牲的時候，牠想回到野外，做一條孤獨的牛也不可得了。」

【說明】

不要貪圖山珍海味，做人家的犧牲品。仔細想想，便知道那是不值得的。

莊子快死了

莊子快要死了，他的弟子聚在一起商量，準備厚葬他，做為報答。

莊子笑著說：「那又何必呢？我死後，用天地做棺槨，用日月做雙璧，用星辰做珍珠，用萬物做禮品，我的葬儀不是最完備了嗎？還有什麼葬儀比這更好的呢？」

弟子們說道：「我們是擔心老師被烏鴉、老鷹吃掉啊！」

莊子說：「在地上，會被烏鴉、老鷹吃掉。在地下，會被蛄螻、螞蟻吃掉。你們為什麼要從烏鴉、老鷹的嘴裡，搶過來給蛄螻、螞蟻吃呢？這不是太偏心了嗎？」

【說明】

死亡是一種自然。肉體的消散、變化就交給大自然去處理吧！何必看不通呢？

知道不可說

莊子說：「知道容易，不說出來卻就困難了。知道而不說，便是與自然的大道合而為一。知道而說了出來，便是與自然的大道分而為二。因為大道是自然的，說卻是人為的。古代知道的人，都是合於自然而不做人為的事。」

【說明】

大道不能用言語表達。所以老子也說：「道可道，非常道。」

泛若不繫之舟

巧妙的人多勞苦，聰明的人多憂愁。無能的人無所求，吃飽了便到處逍遙，好像是一條沒有繩索繫住的空船，在水面上搖呀搖的，自由自在。

【說明】莊子提醒世人：聰明巧妙往往帶來無窮的累贅。這些繫累世人常不自覺。

列子露了形跡

伯昏無人去看列子。只見列子的門外，鞋子都排滿了。

伯昏無人在門外站著，把臉頰靠在杖頭上，站了一會兒，他就走了。

有人立刻進去報告列子。列子提了鞋子，來不及穿上，赤腳便追了出來。伯昏無人見列子追來了，便停下了腳步。

列子問道：「老師既然來了，為什麼不進來指教弟子呢？」

伯昏無人道：「算了吧！我早就告訴你要葆光，不要露了形跡，現在你能讓人來歸附你，卻不能使人不歸附你，這便是你露出了與眾不同的痕跡啊！」

【說明】

伯昏無人叫列子要「葆光」。葆光就是和光同塵、光而不耀的意思。列子卻偏偏光芒外露，引來了許多的人，這是小聰明而不是大智慧。

天下第三十三

方術和大道

天下研究方術的人是很多了。他們都把方術當做大道，自以為自己的境界已和大道合而為一了。

其實方術只是大道的一部分，哪裡就是大道呢？古代所謂的大道在哪裡呢？道是無所不在的。

【說明】

方術和大道不同。墨子、宋鈃（ㄎㄥ kēng）、彭蒙、慎到、惠施等人的學術，都是方術而已。只有關尹、老聃、莊周的道術，才合乎大道。世人對於天下學術的宗派林立，割裂大道，不可不察。

關尹和老聃的道術

以根本為大，以萬物為小。以有餘為不足，不動不靜地與神明合一。古代的道術有這一宗派。關尹、老聃知道了非常喜歡。他們建立了「常無」和「常有」，以「太一」做宗本。以懦弱謙下做外表，以空虛不壞做實質。

關尹說：「不要有心，萬物自然顯現。心動如水，心靜如鏡。這一動一靜，就像山谷對聲音的回響。他的心若有若無，若清若盲。」

老聃說：「知其陽剛，而守其陰柔，做天下的谿流。知其白，而守其黑，成為天下的幽谷。人都爭先，我則退後。人都取『實有』，我卻取『空無』。空無不積，所以能容大，所以不會不足。堅則碎，銳則挫，所以寧守柔守拙。」

莊子說：「關尹、老聃是古來的博大真人啊！」

【說明】

關尹、老聃不離大道的本質。所以莊子稱之為博大真人。他們二人都是莊周的老前輩。

莊周的道術

空虛無形，變化無常。生死和天地合一，神明無所不在，萬物羅列在我的面前，我要歸向哪裡呢？古來的道術有這一宗派，莊周聽了就喜歡它。

莊周以無情無實，廣大無限的話來講述大道。變化無窮，不偏不中。他認為世俗混濁，不能對他們直接講論正道。所以用無始無終的話來敷衍，以世俗重視的話來充實，以寄託的話來推廣。他單獨與天地往來，不傲視萬物。他與世俗相處，也和光同塵，不責人是非。他的書瑰麗奇特，而宛轉無傷於大道。他的文辭雖不修整，但滑稽可觀。他是上與造化同遊，下與超越生死的人做朋友。他的大道，因應變化，恍恍惚惚，是沒有人能夠徹

底通曉其奧蘊的。

【說明】

莊周的道術，與自然合一，變化無窮。凡是為外物所累，不能忘情生死的人，都不能與造物為友，也不能與莊周為友。

惠施的方術有五車

惠施的方術很多，他的書可以裝滿五輛馬車。他的道理雜而不純，他的言辭奇而不中。他所分析萬物的道理，比如說：

最大的東西，是沒有外圍的。這叫做大一。最小的東西是沒有內核的，這叫做小一。

沒有厚度的東西，便不能堆積。但它的面可以延伸到數千里。

天和地是一樣低的；山和澤是一樣高的。

太陽剛到正中，同時便已偏斜。萬物剛剛出生的時候，同時便是他死亡的時候。

南方沒有窮盡，卻也有窮盡。

今天剛到越國，從前卻已來過了。

連環是可以解開的。

惠施喜歡拿這些道理和人家辯論。辯論家也就拿一些古怪的道理來相應。他們說：

卵有毛。

雞有三隻腳。

楚國的郢都，包羅天下。

犬可以是羊。

馬有卵。

火不熱。

山有口。

飛馳的車輪不接觸地面。

眼睛看不見東西。

手指不能接觸到東西，能接觸到，便不會有距離。

龜比蛇要長。

矩不是方形的，規不是圓形的。

飛鳥的影子不曾移動。
飛箭有不進不停的時候。
狗不是犬。
白狗是黑的。
一尺的繩子，每天取一半，永遠取不完。
這些辯論，只能服人之口，不能服人之心。如果要這樣辯論下去，終身便沒有窮盡了。

和影子競走的人

惠施逞其智巧才能，放蕩而無所得。他拚命追逐萬物而不知道回頭。
世人研究方術，也是如此。這就像一個人和自己的影子競走一樣啊，太可憐了！

附錄

原典精選

逍遙遊第一

◎北冥有魚，其名為鯤。鯤之大，不知其幾千里也。化而為鳥，其名為鵬。鵬之背，不知其幾千里也；怒而飛，其翼若垂天之雲。是鳥也，海運則將徙於南冥。南冥者，天池也。

《齊諧》者，志怪者也。《諧》之言曰：「鵬之徙於南冥也，水擊三千里，摶扶搖而上者九萬里，去以六月息者也。」野馬也，塵埃也，生物之以息相吹也。天之蒼蒼，其正色邪？其遠而無所至極邪？其視下也，亦若是則已矣。

◎小知不及大知，小年不及大年。奚以知其然也？朝菌不知晦朔，蟪蛄不知春秋，此小年也。楚之南有冥靈者，以五百歲為春，五百歲為秋；上古有大椿者，以八千歲為春，八千歲為秋。而彭祖乃今以久特聞，眾人匹之，不亦悲乎！

◎ 肩吾問於連叔曰：「吾聞言於接輿，大而无當，往而不返。吾驚怖其言，猶河漢而无極也；大有逕庭，不近人情焉。」

連叔曰：「其言謂何哉？」

曰：「藐姑射之山，有神人居焉，肌膚若冰雪，（綽）〔淖〕約若處子。不食五穀，吸風飲露。乘雲氣，御飛龍，而遊乎四海之外。其神凝，使物不疵癘而年穀熟。吾以是狂而不信也。」

連叔曰：「然。瞽者无以與乎文章之觀，聾者无以與乎鐘鼓之聲。豈唯形骸有聾盲哉？夫知亦有之。是其言也，猶時女也。之人也，之德也，將旁礴萬物以為一世蘄乎亂，孰弊弊焉以天下為事！之人也，物莫之傷，大浸稽天而不溺，大旱金石流土山焦而不熱。是其塵垢粃糠，將猶陶鑄堯舜者也，孰肯以物為事！」

齊物論第二

◎南郭子綦隱机而坐，仰天而噓，荅焉似喪其耦。顏成子游立侍乎前，曰：「何居乎？形固可使如槁木，而心固可使如死灰乎？今之隱机者，非昔之隱机者也。」

子綦曰：「偃，不亦善乎，而問之也！今者吾喪我，汝知之乎？女聞人籟而未聞地籟，女聞地籟而未聞天籟夫！」

子游曰：「敢問其方。」

子綦曰：「夫大塊噫氣，其名為風。是唯无作，作則萬竅怒呺。而獨不聞之翏翏乎？山林之畏佳，大木百圍之竅穴，似鼻，似口，似耳，似枅，似圈，似臼；似洼者，似汙者；激者，謞者，叱者，吸者，叫者，譹者，宎者，咬者，前者唱于而隨者唱喁。泠風則小和，飄風則大和，厲風濟則眾竅為虛。而獨不見之調調，之刁刁（刀刀）乎？」

子游曰：「地籟則眾竅是已，人籟則比竹是已。敢問天籟。」

子綦曰：「夫吹萬不同，而使其自己也，咸其自取，怒者其誰邪！」

◎昔者莊周夢為胡蝶也，栩栩然胡蝶也，自喻適志與！不知周也。俄然覺，則蘧蘧然周也。不知周之夢為胡蝶與，胡蝶之夢為周與？周與胡蝶，則必有分矣。此之謂物化。

養生主第三

◎公文軒見右師而驚曰：「是何人也？惡乎介也？天與，其人與？」曰：「天也，非人也。天之生是使獨也，人之貌有與也。以是知其天也，非人也。」

◎老聃死，秦失弔之，三號而出。弟子曰：「非夫子之友邪？」曰：「然。」「然則弔焉若此可乎？」

曰：「然。始也吾以為其人也，而今非也。向吾入而弔焉，有老者哭之，如哭其子；少者哭之，如哭其母。彼其所以會之，必有不蘄言而言，不蘄哭而哭者。是遯（遁）天倍情，忘其所受，古者謂之遁天之刑。適來，夫子時也；適去，夫子順也。安時而處順，哀樂不能入也，古者謂是帝之縣解。」

◎ 指窮於為薪，火傳也，不知其盡也。

人間世第四

◎ 葉公子高將使於齊，問於仲尼曰：「王使諸梁也甚重，齊之待使者，蓋將甚敬而不急。匹夫猶未可動，而況諸侯乎！吾甚慄之。子常語諸梁也曰：『凡事若小若大，寡不道以懽成。事若不成，則必有人道之患；事若成，則必有陰陽之患。若成若不成而後无患者，唯有德者能之。』吾食也執粗而不臧，爨无欲清之人。今吾朝受命而夕飲冰，我其內

孰與！吾未至乎事之情，而既有陰陽之患矣；事若不成，必有人道之患。是兩也，為人臣者不足以任之，子其有以語我來！」

仲尼曰：「天下有大戒二：其一，命也；其一，義也。子之愛親，命也，不可解於心；臣之事君，義也，無適而非君也，無所逃於天地之間。是之謂大戒。是以夫事其親者，不擇地而安之，孝之至也；夫事其君者，不擇事而安之，忠之盛也；自事其心者，哀樂不易施乎前，知其不可奈何而安之若命，德之至也。為人臣子者，固有所不得已。行事之情而忘其身，何暇至於悅生而惡死！夫子其行可矣！丘請復以所聞：凡交近則必相靡以信，遠則必忠之以言，言必或傳之。夫傳兩喜兩怒之言，天下之難者也。夫兩喜必多溢美之言，兩怒必多溢惡之言。凡溢之類妄，妄則其信之也莫，莫則傳言者殃。故法言曰：『傳其常情，无傳其溢言，則幾乎全。』且以巧鬥力者，始乎陽，常卒乎陰，大（泰）至則多奇巧；以禮飲酒者，始乎治，常卒乎亂，大（泰）至則多奇樂。凡事亦然。始乎諒，常卒乎鄙；其作始也簡，其將畢也必巨。（夫）言者，風波也；行者，實喪也。（夫）風波易以動，實喪易以危。故忿設无由，巧言偏辭。獸死不擇音，氣息茀然，於是並生心厲。剋核太至，則必有不肖之心應之，而不知其然也。苟為不知其然也，孰知其所終！故法言曰：『无遷令，无勸成，過度益也。』遷令勸成殆事，美成在久，惡成不及改，可

不慎與！且夫乘物以遊心，託不得已以養中，至矣。何作為報也！莫若為致命。此其難者。」

◎匠石之齊，至於曲轅，見櫟社樹。其大蔽數千牛，絜之百圍，其高臨山十仞而後有枝，其可以為舟者旁十數。觀者如市，匠伯不顧，遂行不輟。

弟子厭觀之，走及匠石，曰：「自吾執斧斤以隨夫子，未嘗見材如此其美也。先生不肯視，行不輟，何邪？」

曰：「已矣，勿言之矣！散木也，以為舟則沉，以為棺槨則速腐，以為器則速毀，以為門戶則液樠，以為柱則蠹。是不材之木也，無所可用，故能若是之壽。」

匠石歸，櫟社見夢曰：「女將惡乎比予哉？若將比予於文木邪？夫柤梨橘柚，果蓏之屬，實熟則剝，剝則辱；大枝折，小枝泄。此以其能苦其生者也，故不終其天年而中道夭，自掊擊於世俗者也。物莫不若是。且予求无所可用久矣，幾死，乃今得之，為予大用。使予也而有用，且得有此大也邪？且也若與予也皆物也，奈何哉其相物也？而幾死之散人，又惡知散木！」

匠石覺而診其夢。弟子曰：「趣取無用，則為社，何邪？」

曰：「密！若無言！彼亦直寄焉，以為不知己者詬厲也。不為社者，且幾有翦乎！且也彼其所保與眾異，而以義譽（喻）之，不亦遠乎！」

德充符第五

◎魯有兀者叔山无趾，踵見仲尼。仲尼曰：「子不謹，前既犯患若是矣。雖今來，何及矣！」

无趾曰：「吾唯不知務而輕用吾身，吾是以亡足。今吾來也，猶有尊足者存，吾是以務全之也。夫天無不覆，地無不載，吾以夫子為天地，安知夫子之猶若是也！」

孔子曰：「丘則陋矣。夫子胡不入乎，請講以所聞！」

无趾出。孔子曰：「弟子勉之！夫无趾，兀者也，猶務學以復補前行之惡，而況全德之人乎！」

无趾語老聃曰：「孔丘之於至人，其未邪？彼何賓賓以學子為？彼且蘄以諔詭幻怪之

名聞，不知至人之以是為己桎梏邪？」

老聃曰：「胡不直使彼以死生為一條，以可不可為一貫者，解其桎梏，其可乎？」

无趾曰：「天刑之，安可解！」

◎惠子謂莊子曰：「人故无情乎？」

莊子曰：「然。」

惠子曰：「人而无情，何以謂之人？」

莊子曰：「道與之貌，天與之形，惡得不謂之人？」

惠子曰：「既謂之人，惡得无情？」

莊子曰：「是非吾所謂情也。吾所謂无情者，言人之不以好惡內傷其身，常因自然而不益生也。」

惠子曰：「不益生，何以有其身？」

莊子曰：「道與之貌，天與之形，无以好惡內傷其身。今子外乎子之神，勞乎子之精，倚樹而吟，據槁梧而瞑。天選子之形，子以堅白鳴！」

大宗師第六

◎　泉涸，魚相與處於陸，相呴以濕，相濡以沫，不如相忘於江湖。

◎　顏回問仲尼曰：「孟孫才，其母死，哭泣无涕，中心不戚，居喪不哀。无是三者，以善處喪蓋魯國。固有无其實而得其名者乎？回壹怪之。」

仲尼曰：「夫孟孫氏盡之矣，進於知矣。唯簡之而不得，夫已有所簡矣。孟孫氏不知所以生，不知所以死；不知就先，不知就後；若化為物，以待其所不知之化已乎！且方將化，惡知不化哉？方將不化，惡知已化哉？吾特與汝，其夢未始覺者邪！且彼有駭形而无損心，有旦宅而无情死。孟孫氏特覺，人哭亦哭，是自其所以乃。且也相與吾之耳矣，庸詎知吾所謂吾之乎？且汝夢為鳥而厲乎天，夢為魚而沒於淵。不識今之言者，其覺者乎，其夢者乎？造適不及笑，獻笑不及排，安排而去化，乃入於寥天一。」

◎意而子見許由。許由曰：「堯何以資汝？」

意而子曰：「堯謂我：『汝必躬服仁義而明言是非。』」

許由曰：「而奚來為軹？夫堯既已黥汝以仁義，而劓汝以是非矣，汝將何以遊夫遙蕩恣睢轉徙之塗乎？」

意而子曰：「雖然，吾願遊於其藩。」

許由曰：「不然。夫盲者无以與乎眉目顏色之好，瞽者无以與乎青黃黼黻之觀。」

意而子曰：「夫无莊之失其美，據梁之失其力，黃帝之亡其知，皆在鑪捶之間耳。庸詎知夫造物者之不息我黥而補我劓，使我乘成以隨先生邪？」

許由曰：「噫！未可知也。我為汝言其大略。吾師乎！吾師乎！齏萬物而不為義，澤及萬世而不為仁，長於上古而不為老，覆載天地刻彫眾形而不為巧。此所遊已。」

應帝王第七

◎齧缺問於王倪，四問而四不知。齧缺因躍而大喜，行以告蒲衣子。蒲衣子曰：「而乃今知之乎？有虞氏不及泰氏。有虞氏，其猶藏仁以要人；亦得人矣，而未始出於非人。泰氏，其臥徐徐，其覺于于；一以己為馬，一以己為牛；其知情信，其德甚真，而未始入於非人。」

◎鄭有神巫曰季咸，知人之死生存亡，禍福壽夭，期以歲月旬日，若神。鄭人見之，皆棄而走。列子見之而心醉，歸，以告壺子，曰：「始吾以夫子之道為至矣，則又有至焉者矣。」

壺子曰：「吾與汝既其文，未既其實，而固得道與？眾雌而无雄，而又奚卵焉！而以道與世亢，必信，夫故使人得而相女（汝）。嘗試與來，以予示之。」

明日，列子與之見壺子。出而謂列子曰：「嘻！子之先生死矣！弗活矣！不以旬數矣！吾見怪焉，見濕灰焉。」

列子入，泣涕沾襟以告壺子。壺子曰：「鄉吾示之以地文，萌乎不震不正。是殆見吾杜德機也。嘗又與來。」

明日，又與之見壺子。出而謂列子曰：「幸矣子之先生遇我也！有瘳矣，全然有生矣！吾見其杜權矣。」

列子入，以告壺子。壺子曰：「鄉吾示之以天壤，名實不入，而機發於踵。是殆見吾善者機也。嘗又與來。」

明日，又與之見壺子。出而謂列子曰：「子之先生不齊，吾无得而相焉。試齊，且復相之。」

列子入，以告壺子。壺子曰：「吾鄉示之以太沖莫勝。是殆見吾衡氣機也。鯢桓之審為淵，止水之審為淵，流水之審為淵。淵有九名，此處三焉。嘗又與來。」

明日，又與之見壺子。立未定，自失而走。壺子曰：「追之！」

列子追之不及。反，以報壺子曰：「已滅矣，已失矣，吾弗及已。」

壺子曰：「鄉吾示之以未始出吾宗。吾與之虛而委蛇，不知其誰何，因以為弟靡，因

以為波流，故逃也。」

然後列子自以為未始學而歸，三年不出。為其妻爨，食豕如食人。於事无與親，彫琢復朴，塊然獨以其形立。紛而封哉，一以是終。

◎南海之帝為儵，北海之帝為忽，中央之帝為渾沌。儵與忽時相與遇於渾沌之地，渾沌待之甚善。儵與忽謀報渾沌之德，曰：「人皆有七竅以視聽食息，此獨无有，嘗試鑿之。」日鑿一竅，七日而渾沌死。

馬蹄第九

◎馬，蹄可以踐霜雪，毛可以禦風寒，齕草飲水，翹足而陸，此馬之真性也。雖有義臺路寢，無所用之。及至伯樂，曰：「我善治馬。」燒之、剔之、刻之、雒之、連之以羈馽，編之以阜棧，馬之死者十二三矣；飢之、渴之、馳之、驟之、整之、齊之，前有橛飾之

患，而後有鞭筴之威，而馬之死者已過半矣。

陶者曰：「我善治埴，圓者中規，方者中矩。」

匠人曰：「我善治木，曲者中鉤，直者應繩。」夫埴木之性，豈欲中規矩鉤繩哉！然且世世稱之曰「伯樂善治馬，而陶匠善治埴木」，此亦治天下者之過也。

胠篋第十

◎將為胠篋探囊發匱之盜而為守備，則必攝緘縢，固扃鐍，此世俗之所謂知也。然而巨盜至，則負匱揭篋擔囊而趨，唯恐緘縢扃鐍之不固也。然則鄉之所謂知者，不乃為大盜積者也？

天地第十二

◎黃帝遊乎赤水之北，登乎崑崙之丘而南望，還歸，遺其玄珠。使知索之而不得，使離朱索之而不得，使喫詬索之而不得也。乃使象罔，象罔得之。黃帝曰：「異哉！象罔乃可以得之乎？」

天道第十三

◎桓公讀書於堂上。輪扁斲輪於堂下，釋椎鑿而上，問桓公曰：「敢問，公之所讀者何言邪？」

公曰：「聖人之言也。」

曰：「聖人在乎？」

公曰：「已死矣。」

曰：「然則君之所讀者，古人之糟魄已夫！」

桓公曰：「寡人讀書，輪人安得議乎！有說則可，无說則死。」

輪扁曰：「臣也以臣之事觀之。斲輪，徐則甘而不固，疾則苦而不入。不徐不疾，得之於手而應於心，口不能言，有數存焉於其間。臣不能以喻臣之子，臣之子亦不能受之於臣，是以行年七十而老斲輪。古之人與其不可傳也死矣，然則君之所讀者，古人之糟魄已夫！」

天運第十四

◎ 商大宰蕩問仁於莊子。

莊子曰：「虎狼，仁也。」

莊子曰：「父子相親，何為不仁？」

曰：「請問至仁。」

莊子曰：「至仁無親。」

大宰曰：「蕩聞之，無親則不愛，不愛則不孝。謂至仁不孝，可乎？」

莊子曰：「不然。夫至仁尚矣，孝固不足以言之。此非過孝之言也，不及孝之言也。夫南行者至於郢，北面而不見冥山，是何也？則去之遠也。故曰：以敬孝易，以愛孝難；以愛孝易，以忘親難；忘親易，使親忘我難；使親忘我易，兼忘天下難；兼忘天下易，使天下兼忘我難。夫德遺堯舜而不為也，利澤施於萬世，天下莫知也，豈直大息而言仁孝乎哉？夫孝悌仁義，忠信貞廉，此皆自勉以役其德者也，不足多也。故曰，至貴，國爵并焉；至富，國財并焉至；至願，名譽并焉。是以道不渝。」

刻意第十五

◎刻意尚行，離世異俗，高論怨誹，為亢而已矣；此山谷之士，非世之人，枯槁赴淵者之所好也。

語仁義忠信，恭儉推讓，為修而已矣；此平世之士，教誨之人，遊居學者之所好也。

語大功，立大名，禮君臣，正上下，為治而已矣；此之朝廷士，尊主強國之人，致功並兼者之所好也。就藪澤，處閒曠，釣魚閒處，无為而已矣；此江海之士，避世之人，閒暇者之所好也。

吹呴呼吸，吐故納新，熊經鳥申，為壽而已矣；此道引之士，養形之人，彭祖壽考者之所好也。

若夫不刻意而高，无仁義而修，无功名而治，无江海而閒，不道引而壽，无不忘也，无不有也，澹然无極而眾美從之。此天地之道，聖人之德也。

秋水第十七

◎秋水時至，百川灌河，涇流之大，兩涘渚崖之間，不辯牛馬。於是焉河伯欣然自喜，以天下之美為盡在己。順流而東行，至於北海，東面而視，不見水端，於是焉河伯始旋其面目，望洋向若而嘆曰：「野語有之曰，『聞道百以為莫己若者』，我之謂也。且夫我嘗聞少仲尼之聞而輕伯夷之義者，始吾弗信；今我睹子之難窮也，吾非至於子之門則殆矣，吾長見笑於大方之家。」

北海若曰：「井鼃（蛙）不可以語於海者，拘於虛也；夏蟲不可以語於冰者，篤於時也；曲士不可以語於道者，束於教也。今爾出於崖涘，觀於大海，乃知爾醜，爾將可與語大理矣。天下之水，莫大於海，萬川歸之，不知何時止而不盈；尾閭泄之，不知何時已而不虛；春秋不變，水旱不知。此其過江河之流，不可為量數。而吾未嘗以此自多者，自以比形於天地而受氣於陰陽，吾在（於）天地之間，猶小石小木之在大山也，方存乎見少，又奚以自多！計四海之在天地之間也，不似礨空之在大澤乎？計中國之在海內，不似稊米之在大倉乎？號物之數謂之萬，人處一焉；人卒九州，穀食之所生，舟車之所通，人處一焉；此其比萬物也，不似毫（豪）末之在於馬體乎？五帝之所連，三王之所爭，仁人之所憂，任士之所勞，盡此矣。伯夷辭之以為名，仲尼語之以為博，此其自多也，不似爾向之自多於水乎？」

河伯曰：「然則吾大天地而小毫（豪）末，可乎？」

北海若曰：「否。夫物，量无窮，時无止，分无常，終始无故。是故大知觀於遠近，故小而不寡，大而不多，知量无窮；證曏今故，故遙而不悶，掇而不跂，知時无止；察乎盈虛，故得而不喜，失而不憂，知分之无常也；明乎坦塗，故生而不說，死而不禍，知終始之不可故也。計人之所知，不若其所不知；其生之時，不若未生之時；以其至小求窮其至大之域，是故迷亂而不能自得也。由此觀之，又何以知毫（豪）末之足以定至細之倪！又何以知天地之足以窮至大之域！」

河伯曰：「世之議者皆曰：『至精无形，至大不可圍。』是信情乎？」

北海若曰：「夫自細視大者不盡，自大視細者不明。夫精，小之微也；垺，大之殷也；故異便。此勢之有也。夫精粗者，期於有形者也；无形者，數之所不能分也；不可圍

者，數之所不能窮也。可以言論者，物之粗也；可以意致者，物之精也；言之所不能論，意之所不能察致者，不期精粗焉。

是故大人之行，不出乎害人，不多仁恩；動不為利，不賤門隸；貨財弗爭，不多辭讓；事焉不借人，不多食乎力，不賤貪汙；行殊乎俗，不多辟異；為在從眾，不賤佞諂；世之爵祿不足以為勸，戮恥不足以為辱；知是非之不可為分，細大之不可為倪。問曰：『道人不聞，至德不得，大人无己。』約分之至也。」

河伯曰：「若物之外，若物之內，惡至而倪貴賤？惡至而倪小大？」

北海若曰：「以道觀之，物无貴賤；以物觀之，自貴而相賤；以俗觀之，貴賤不在己。以差觀之，因其所大而大之，則萬物莫不大；因其所小而小之，則萬物莫不小；知天地之為稊米也，知毫（豪）末之為丘山也，則差數睹矣。以功觀之，因其所有而有之，則萬物莫不有；因其所无而无之，則萬物莫不无；知東西之相反而不可以相无，則功分定矣。以趣觀之，因其所然而然之，則萬物莫不然；因其所非而非之，則萬物莫不非；知堯桀之自然而相非，則趣操睹矣。昔者堯舜讓而帝，之噲讓而絕；湯武爭而王，白公爭而滅。由此觀之，爭讓之禮，堯桀之行，貴賤有時，未可以為常也。梁麗可以衝城，而不可以窒穴，言殊器也；騏驥驊騮，一日而馳千里，捕鼠不如狸狌，言殊技也；鴟鵂夜撮蚤，察毫末，晝出瞋目而不見丘山，言殊性也。故曰，蓋師是而无非，師治而无亂乎？是未明天地之理，萬物之情者也。是猶師天而无地，師陰而无陽，其不可行明矣。然且語而不舍，非愚則誣也。帝王殊禪，三代殊繼。差其時，逆其俗者，謂之篡夫；當其時，順其俗者，謂之義（之）徒。默默乎河伯！女惡知貴賤之門，小大之家！」

河伯曰：「然則我何為乎，何不為乎？吾辭受趣舍，吾終奈何？」

北海若曰：「以道觀之，何貴何賤，是謂反衍；无拘而志，與道大蹇。何少何多，是謂謝施；无一而行，與道參差。嚴乎若國之有君，其无私德；繇繇乎若祭之有社，其无私福；泛泛乎其若四方之无窮，其无所畛域。兼懷萬物，其孰承翼？是謂无方。萬物一齊，孰短孰長？道无終始，物有死生，不恃其成；一虛一滿，不位乎其形。年不可舉，時不可止；消息盈虛，終則有始。是所以語大義之方，論萬物之理也。物之生也，若驟若馳，无動而不變，无時而不移。何為乎，何不為乎？夫固將自化。」

河伯曰：「然則何貴於道邪？」

北海若曰：「知道者必達於理，達於理者必明於權，明於權者不以物害己。至德者，火弗能熱，水弗能溺，寒暑弗能害，禽獸弗能賊。非謂其薄之也，言察乎安危，寧於禍福，謹於去就，莫之能害也。故曰，天在內，人在外，德在乎天。知天人之行，本乎天，

位乎得；蹢躅而屈伸，反要而語極。」

北海若曰：「牛馬四足，是謂天；落馬首，穿牛鼻，是謂人。故曰，无以人滅天，无以故滅命，无以得殉名。謹守而勿失，是謂反其真。」

◎莊子釣於濮水，楚王使大夫二人往先焉，曰：「願以境內累矣！」

莊子持竿不顧，曰：「吾聞楚有神龜，死已三千歲矣，王巾笥而藏之廟堂之上。此龜者，寧其死為留骨而貴乎？寧其生而曳尾於塗中乎？」

二大夫曰：「寧生而曳尾塗中。」

莊子曰：「往矣！吾將曳尾於塗中。」

◎莊子與惠子遊於濠梁之上。莊子曰：「儵魚出遊從容，是魚之樂也。」

惠子曰：「子非魚，安知魚之樂？」

莊子曰：「子非我，安知我不知魚之樂？」

惠子曰：「我非子，固不知子矣；子固非魚也，子之不知魚之樂，全矣。」

莊子曰：「請循其本。子曰『汝安知魚樂』云者，既已知吾知之而問我，我知之濠上

也。」

至樂第十八

◎　莊子妻死，惠子弔之，莊子則方箕踞鼓盆而歌。惠子曰：「與人居，長子老身，死不哭亦足矣，又鼓盆而歌，不亦甚乎！」莊子曰：「不然。是其始死也，我獨何能无概然！察其始而本无生，非徒无生也而本无形，非徒无形也而本无氣。雜乎芒芴之間，變而有氣，氣變而有形，形變而有生，今又變而之死，是相與為春秋冬夏四時行也。人且偃然寢於巨室，而我噭噭然隨而哭之，自以為不通乎命，故止也。」

◎　列子行食於道從，見百歲髑髏，攓蓬而指之曰：「唯予與汝知而未嘗死，未嘗生也。若果養乎？予果歡乎？」

達生第十九

◎顏淵問仲尼曰：「吾嘗濟乎觴深之淵，津人操舟若神。吾問焉，曰：『操舟可學邪？』曰：『可。善游者數能。若乃夫沒人，則而未嘗見舟便操之也。』吾問焉而不吾告，敢問何謂也？」

仲尼曰：「善游者數能，忘水也。若乃夫沒人之未嘗見舟而便操之也，彼視淵若陵，視舟之覆猶其車卻也。覆卻萬方陳乎前而不得入其舍，惡往而不暇！以瓦注者巧，以鉤注者憚，以黃金注者殙。其巧一也，而有所矜，則重外也。凡外重者內拙。」

山木第二十

◎　莊子行於山中，見大木，枝葉盛茂，伐木者止其旁而不取也。問其故，曰：「无所可用。」莊子曰：「此木以不材得終其天年。」

夫子出於山，舍於故人之家。故人喜，命豎子殺雁而烹之。豎子請曰：「其一能鳴，其一不能鳴，請奚殺？」主人曰：「殺不能鳴者。」

明日，弟子問於莊子曰：「昨日山中之木，以不材得終其天年；今主人之雁，以不材死；先生將何處？」

莊子笑曰：「周將處乎材與不材之間。材與不材之間，似之而非也，故未免乎累。若夫乘道德而浮遊則不然。无譽无訾，一龍一蛇，與時俱化，而无肯專為；一上一下，以和為量，浮遊乎萬物之祖；物物而不物於物，則胡可得而累邪！此神農黃帝之法則也。若夫萬物之情，人倫之傳，則不然。合則離，成則毀；廉則挫，尊則議，有為則虧，賢則謀，

不肖則欺，胡可得而必乎哉！悲夫！弟子志之，其唯道德之鄉乎！」

◎　莊周遊於雕陵之樊，睹一異鵲自南方來者，翼廣七尺，目大運寸，感周之顙而集於栗林。莊周曰：「此何鳥哉，翼殷不逝，目大不睹？」蹇裳躩步，執彈而留之。睹一蟬，方得美蔭而忘其身；螳蜋執翳而搏之，見得而忘其形；異鵲從而利之，見利而忘其真。莊周怵然曰：「噫！物固相累，二類相召也！」捐彈而反走，虞人逐而誶之。莊周反入，三月不庭。藺且從而問之：「夫子何為頃間甚不庭乎？」莊周曰：「吾守形而忘身，觀於濁水而迷於清淵。且吾聞諸夫子曰：『入其俗，從其俗（令）。』今吾遊於雕陵而忘吾身，異鵲感吾顙，遊於栗林而忘真，栗林虞人以吾為戮，吾所以不庭也。」

田子方第二十一

◎列禦寇為伯昏无人射，引之盈貫，措杯水其肘上，發之，適矢復沓，方矢復寓。當是時，猶象人也。伯昏无人曰：「是射之射，非不射之射也。嘗與欲登高山，履危石，臨百仞之淵，若能射乎？」於是无人遂登高山，履危石，臨百仞之淵，背逡巡，足二分垂在外，揖禦寇而進之。禦寇伏地，汗流至踵。伯昏无人曰：「夫至人者，上闚青天，下潛黃泉，揮斥八極，神氣不變。今汝怵然有恂目之志，爾於中也殆矣夫！」

◎楚王與凡君坐，少焉，楚王左右曰凡亡者三。凡君曰：「凡之亡也，不足以喪吾存。

夫『凡之亡不足以喪吾存』，則楚之存不足以存存。由是觀之，則凡未始亡而楚未始存也。」

知北遊第二十二

◎東郭子問於莊子曰：「所謂道，惡乎在？」

莊子曰：「无所不在。」

東郭子曰：「期而後可。」

莊子曰：「在螻蟻。」

曰：「何其下邪？」

曰：「在稊稗。」

曰：「何其愈下邪？」

曰：「在瓦甓。」

曰：「何其愈甚邪？」

曰：「在屎溺。」

東郭子不應。莊子曰：「夫子之問也，固不及質。正獲之問於監市履狶也，每下愈況。汝唯莫必，无乎逃物。至道若是，大言亦然。周遍咸三者，異名同實，其指一也。嘗相與游乎无何有之宮，同合而論，无所終窮乎！嘗相與无為乎！澹而靜乎！漠而清乎！調而閒乎！寥已吾志，无往焉而不知其所至，去而來而不知其所止，吾已往來焉而不知其所終；彷徨乎馮閎，大知入焉而不知其所窮。物物者與物无際，而物有際者，所謂物際者也；不際之際，際之不際者也。謂盈虛衰殺，彼為盈虛非盈虛，彼為衰殺非衰殺，彼為本末非本末，彼為積散非積散也。」

徐无鬼第二十四

◎莊子送葬，過惠子之墓，顧謂從者曰：「郢人堊慢其鼻端若蠅翼，使匠石斲之，匠石

運斤成風，聽而斲之，盡堊而鼻不傷，郢人立不失容。宋元君聞之，召匠石曰：『嘗試為寡人為之。』匠石曰：『臣則嘗能斲之。雖然，臣之質死久矣。』自夫子之死也，吾无以為質矣，吾无與言之矣。」

則陽第二十五

◎魏瑩與田侯牟約，田侯牟背之。魏瑩怒，將使人刺之。犀首公孫衍聞而恥之曰：「君為萬乘之君也，而以匹夫從讎！衍請受甲二十萬，為君攻之，虜其人民，係其牛馬，使其君內熱發於背。然後拔其國。忌也出走，然後抶其背，折其脊。」

季子聞而恥之曰：「築十仞之城，城者既十仞矣，則又壞之，此胥靡之所苦也。今兵不起七年矣，此王之基也。衍亂人，不可聽也。」

華子聞而醜之曰：「善言伐齊者，亂人也；善言勿伐者，亦亂人也；謂伐之與不伐亂人也者，又亂人也。」

君日：「然則若何？」

曰：「君求其道而已矣！」

惠子聞之而見戴晉人。戴晉人曰：「有所謂蝸者，君知之乎？」

曰：「然。」

「有國於蝸之左角者曰觸氏，有國於蝸之右角者曰蠻氏，時相與爭地而戰，伏尸萬數，逐北旬有五日而後反。」

君曰：「噫！其虛言與？」

曰：「臣請為君實之。君以意在四方上下有窮乎？」

君曰：「無窮。」

曰：「知遊心於無窮，而反在通達之國，若存若亡乎？」

君曰：「然。」

曰：「通達之中有魏，於魏中有梁，於梁中有王。王與蠻氏，有辯乎？」

君曰：「无辯。」

客出而君惝然若有亡也。

客出，惠子見。君曰：「客，大人也，聖人不足以當之。」惠子曰：「夫吹筦也，猶有嗃也；吹劍首者，吷而已矣。堯舜，人之所譽也；道堯舜於戴晉人之前，譬猶一吷也。」

外物第二十六

◎　莊周家貧，故往貸粟於監河侯。監河侯曰：「諾。我將得邑金，將貸予三百金，可乎？」

莊周忿然作色曰：「周昨來，有中道而呼者。周顧視車轍中，有鮒魚焉。周問之曰：『鮒魚來！子何為者邪？』對曰：『我，東海之波臣也。君豈有斗升之水而活我哉？』周曰：『諾。我且南遊吳越之王，激西江之水而迎子，可乎？』鮒魚忿然作色曰：『吾失我常與，我无所處。吾得斗升之水活耳，君乃言此，曾不如早索我於枯魚之肆！』」

◎儒以詩禮發冢。大儒臚傳曰：「東方作矣，事之何若？」小儒曰：「未解裙儒，口中有珠。詩固有之曰：『青青之麥，生於陵陂。生不布施，死何含珠為！』接其鬢，壓其顪，儒以金椎控其頤，徐別其頰，无傷口中珠！」

盜跖第二十九

◎孔子與柳下季為友，柳下季之弟，名曰盜跖。盜跖從卒九千人，橫行天下，侵暴諸侯，穴室樞戶，驅人牛馬，取人婦女，貪得忘親，不顧父母兄弟，不祭先祖。所過之邑，大國守城，小國入保，萬民苦之。孔子謂柳下季曰：「夫為人父者，必能詔其子；為人兄者，必能教其弟。若父不能詔其子，兄不能教其弟，則无貴父子兄弟之親矣。今先生，世之才士也，弟為盜跖，為天下害，而弗能教也，丘竊為先生羞之。丘請為先生往說之。」

柳下季曰：「先生言為人父者必能詔其子，為人兄者必能教其弟，若子不聽父之詔，

弟不受兄之教，雖今先生之辯，將奈之何哉！且跖之為人也，心如涌泉，意如飄風，強足以距敵，辯足以飾非，順其心則喜，逆其心則怒，易辱人以言。先生必无往。」

孔子不聽，顏回為馭，子貢為右，往見盜跖。盜跖乃方休卒徒大山之陽，膾人肝而餔之。孔子下車而前，見謁者曰：「魯人孔丘，聞將軍高義，敬再拜謁者。」

謁者入通，盜跖聞之大怒，目如明星，髮上指冠，曰：「此夫魯國之巧偽人孔丘非邪？為我告之：『爾作言造語，妄稱文武，冠枝木之冠，帶死牛之脅，多辭繆說，不耕而食，不織而衣，搖脣鼓舌，擅生是非，以迷天下之主，使天下學士不反其本，妄作孝弟而僥倖於封侯富貴者也。子之罪大極重，疾走歸！不然，我將以子肝益晝餔之膳！』」

孔子復通曰：「丘得幸於季，願望履幕下。」

謁者復通，盜跖曰：「使來前！」

孔子趨而前，避席反走，再拜盜跖。盜跖大怒，兩展其足，案劍瞋目，聲如乳虎，曰：「丘來前！若所言，順吾意則生，逆吾心則死。」

孔子曰：「丘聞之，凡天下有三德：生而長大，美好无雙，少長貴賤見而皆說之，此上德也；知維天地，能辯諸物，此中德也；勇悍果敢，聚眾率兵，此下德也。凡人有此一德者，足以南面稱孤矣。今將軍兼此三者，身長八尺二寸，面目有光，脣如激丹，齒如齊貝，音中黃鐘，而名曰盜跖，丘竊為將軍恥不取焉。將軍有意聽臣，臣請南使吳越，北使齊魯，東使宋衞，西使晉楚，使為將軍造大城數百里，立數十萬戶之邑，尊將軍為諸侯，與天下更始，罷兵休卒，收養昆弟，共祭先祖。此聖人才士之行，而天下之願也。」

盜跖大怒曰：「丘來前！夫可規以利而可諫以言者，皆愚陋恆民之謂耳。今長大美好，人見而悅之者，此吾父母之遺德也，丘雖不吾譽，吾獨不自知邪？且吾聞之，好面譽人者，亦好背而毀之。今丘告我以大城眾民，是欲規我以利而恆民畜我也，安可久長也！城之大者，莫大乎天下矣。堯舜有天下，子孫无置錐之地；湯武立為天子，而後世絕滅；非以其利大故邪？且吾聞之，古者禽獸多而人少，於是民皆巢居以避之，晝拾橡栗，暮栖木上，故命之曰有巢氏之民。

古者民不知衣服，夏多積薪，冬則煬之，故命之曰知生之民。神農之世，臥則居居，起則于于，民知其母，不知其父，與麋鹿共處，耕而食，織而衣，无有相害之心，此至德之隆也。然而黃帝不能致德，與蚩尤戰於涿鹿之野，流血百里。堯舜作，立群臣，湯放其主，武王殺紂。自是之後，以強陵弱，以眾暴寡，湯武以來，皆亂人之徒也。

今子修文武之道，掌天下之辯，以教後世，縫衣淺帶，矯言偽行，以迷惑天下之主，而欲求富貴焉，盜莫大於子。天下何故不謂子為盜丘，而乃謂我為盜跖？

子以甘辭說子路而使從之，使子路去其危冠，解其長劍，而受教於子，天下皆曰孔丘能止暴禁非。其卒之也，子路欲殺衞君而事不成，身菹於衞東門之上，是子教之不至也。子自謂才士聖人邪？則再逐於魯，削跡於衞，窮於齊，圍於陳蔡，不容身於天下。子教子路菹此患，上无以為身，下无以為人，子之道豈足貴邪？

世之所高，莫若黃帝，黃帝尚不能全德，而戰涿鹿之野，流血百里。堯不慈，舜不孝，禹偏枯，湯放其主，武王伐紂，文王拘羑里。此六子者，世之所高也，孰論之，皆以利惑其真而強反其情性，其行乃甚可羞也。

世之所謂賢士，伯夷叔齊。伯夷叔齊辭孤竹之君而餓死於首陽之山，骨肉不葬。鮑焦飾行非世，抱木而死。申徒狄諫而不聽，負石自投於河，為魚鼈所食。介子推至忠也，自割其股以食文公，文公後背之，子推怒而去，抱木而燔死。尾生與女子期於梁下，女子不來，水至不去，抱梁柱而死。此六子者，无異於磔犬流豕操瓢而乞者，皆離名輕死，不念本養壽命者也。

世之所謂忠臣者，莫若王子比干伍子胥。子胥沉江，比干剖心，此二子者，世謂忠臣也，然卒為天下笑。自上觀之，至于子胥比干，皆不足貴也。丘之所以說我者，若告我以鬼事，則我不能知也；若告我以人事者，不過此矣，皆吾所聞知也。

今吾告子以人之情，目欲視色，耳欲聽聲，口欲察味，志氣欲盈。人上壽百歲，中壽八十，下壽六十，除病瘦死喪憂惡，其中開口而笑者，一月之中不過四五日而已矣。天與地无窮，人死者有時，操有時之具而託於无窮之間，忽然无異騏驥之馳過隙也。不能說其志意，養其壽命者，皆非通道者也。

丘之所言，皆吾之所棄也，亟去走歸，无復言之！子之道，狂狂汲汲，詐巧虛偽事也，非可以全真也，奚足論哉！」

孔子再拜趨走，出門上車，執轡三失，目芒然无見，色若死灰，據軾低頭，不能出氣。歸到魯東門外，適遇柳下季。

柳下季曰：「今者闕然數日不見，車馬有行色，得微往見跖邪？」

孔子仰天而歎曰：「然。」

柳下季曰：「跖得无逆汝意若前乎？」

孔子曰：「然。丘所謂无病而自灸也，疾走料虎頭，編虎須，幾不免虎口哉！」

列禦寇第三十二

◎朱泙漫學屠龍於支離益，單千金之家，三年技成而无所用其巧。

天下第三十三

◎惠施多方，其書五車，其道舛駁，其言也不中。厤物之意，曰：「至大无外，謂之大一；至小无內，謂之小一。无厚，不可積也，其大千里。天與地卑，山與澤平。日方中方睨，物方生方死。大同而與小同異，此之謂小同異；萬物畢同畢異，此之謂大同異。南方无窮而有窮，今日適越而昔來。連環可解也。我知天下之中央，燕之北越之南是也。氾愛萬物，天地一體也。」

惠施以此為大，觀於天下而曉辯者，天下之辯者相與樂之。卵有毛，雞三足，郢有天下，犬可以為羊，馬有卵，丁子有尾，火不熱，山出口，輪不蹍地，目不見，指不至，至不絕，龜長於蛇，矩不方，規不可以為圓，鑿不圍枘，飛鳥之景未嘗動也，鏃矢之疾而有不行不止之時，狗非犬，黃馬驪牛三，白狗黑，孤駒未嘗有母，一尺之捶，日取其半，萬世不竭。辯者以此與惠施相應，終身无窮。

桓團公孫龍辯者之徒，飾人之心，易人之意，能勝人之口，不能服人之心，辯者之囿也。惠施日以其知與人之辯，特與天下之辯者為怪，此其柢也。

然惠施之口談，自以為最賢，曰天地其壯乎！施存雄而无術。南方有倚人焉曰黃繚，問天地所以不墜不陷，風雨雷霆之故。惠施不辭而應，不慮而對，遍為萬物說，說而不休，多而无已，猶以為寡，益之以怪。以反人為實而欲以勝人為名，是以與眾不適也。弱於德，強於物，其塗隩矣。由天地之道觀惠施之能，其猶一蚊一虻之勞者也。其於物也何庸！夫充一尚可，曰愈貴道，幾矣！惠施不能以此自寧，散於萬物而不厭，卒以善辯為名。惜乎！惠施之才，駘蕩而不得，逐萬物而不反，是窮響以聲，形與影競走也。悲夫！

——選自郭慶藩《校正莊子集釋》

中國歷代經典寶庫㉙

莊子——哲學的天籟

編　撰　者—羅龍治
編　　輯—康逸藍
責任企劃—洪小偉
校　　對—張淑芬

董　事　長—趙政岷
出　版　者—時報文化出版企業股份有限公司
108019台北市和平西路三段二四〇號三樓
發行專線—（〇二）二三〇六—六八四二
讀者服務專線—〇八〇〇—二三一—七〇五
（〇二）二三〇四—七一〇三
讀者服務傳真—（〇二）二三〇四—六八五八
郵撥—一九三四四七二四時報文化出版公司
信箱—一〇八九九臺北華江橋郵局第九九信箱
時報悅讀網—http://www.readingtimes.com.tw
法律顧問—理律法律事務所　陳長文律師、李念祖律師
印　　刷—勁達印刷有限公司
五版一刷—二〇一二年八月十七日
五版二刷—二〇二三年一月十一日
定　　價—新台幣二百五十元

時報文化出版公司成立於一九七五年，
並於一九九九年股票上櫃公開發行，於二〇〇八年脫離中時集團非屬旺中，
以「尊重智慧與創意的文化事業」為信念。

莊子：哲學的天籟 / 羅龍治編撰. -- 五版. -- 臺北市：時報文化,
2012.08
面；　公分. --（中國歷代經典寶庫；29）

ISBN 978-957-13-5615-0（平裝）

1.莊子　2.通俗作品

121.33　　　　101013218

ISBN 978-957-13-5615-0
Printed in Taiwan